Edificaciones · del · Banco · Nacional · de · México

SEIS VIRREINALES Y UNA CONTEMPORANEA

Edificaciones · del · Banco

SEIS VIRREINALES Y

Nacional · de · México

UNA CONTEMPORANEA

Fotografía:
Mark Mogilner

Banamex
Fomento Cultural Banamex, A.C.

México, 1988

Coordinación editorial: Carmen Gaitán de Campbell
Diseño: Bernardo Recamier

D.R. © Fomento Cultural Banamex, A. C.
Impreso y encuadernado en México
1a. edición en español
ISBN 968-7009-18-7
México, D. F., 1988

INDICE

9 ◆ PRESENTACION
Fernando Gamboa

13 ◆ LOS PALACIOS SEÑORIALES
DEL MARQUES DE JARAL
CONSTRUIDOS POR GUERRERO
Y TORRES EN LA CIUDAD DE MEXICO
Ignacio González-Polo

19 ◆ EDIFICACIONES
VIRREINALES DEL BANCO
NACIONAL DE MEXICO
Juan Urquiaga

27 ◆ CASA DE LOS CONDES DE
SAN MATEO DE VALPARAISO
Ciudad de México

53 ◆ PALACIO DE ITURBIDE
Ciudad de México

85 ◆ CASA DEL CONDE
DEL VALLE DE SUCHIL
Durango, Durango

117 ◆ CASA DE LA CANAL
San Miguel Allende, Guanajuato

155 ◆ CASA DEL DIEZMO
Morelia, Michoacán

171 ◆ LA CASA DE FRANCISCO
DE MONTEJO
Mérida, Yucatán

191 ◆ EDIFICIO CAPUCHINAS/
CARRANZA Y PALMA
Adjunto a las oficinas centrales
del Banco Nacional de México
Teodoro González de León

Escalera del palacio de los condes
de San Mateo de Valparaíso.

AGRADECIMIENTOS

Fomento Cultural Banamex, A. C., expresa su reconocimiento a las siguientes personas e instituciones que proporcionaron su valiosa ayuda para la publicación de este libro: Germán Campos Calderón, Concepción Casas Ahuja, ingeniero Gerardo Diosdado González, Alejandro Escalante, Arturo Hernández, Ramón López Martínez, Juventino Martínez, Luis Moreno Romo, Luis Ortiz González, María Teresa Romero, Enrique Salazar Híjar y Haro, Raúl Yanko; del *DDF*, licenciado Crescencio Cárdenas Ayón, licenciado Juan Benito Coquet; del *INBA*, arquitecto José María Bilboa Rodríguez, arquitecto Juan Manuel Gutiérrez González, arquitecto Angel Rodríguez Hernández.

PRESENTACION

a arquitectura mexicana presenta, en su perfil, magníficas muestras de su pasado esplendor y de su presente promisorio. A través del tiempo sus obras, que han dado forma a nuestras ciudades y representan el testimonio histórico de cada época, constituyen a la vez un monumento a la creatividad y sentido estético de sus autores.

La arquitectura es, desde las épocas más remotas una de las actividades indispensables para el hombre. Levantar cuatro paredes y ponerles encima un techo, para resguardarse de las inclemencias del tiempo fue una de las primeras necesidades del ser humano. La arquitectura, el arte de construir edificios de acuerdo con ciertas reglas y normas, nace en el momento en que se logra el equilibrio entre la utilidad y la estética. Es una de las manifestaciones artísticas más importantes, reflejo del sistema de vida del hombre, de sus costumbres y su organización social, económica y política. En los diferentes aspectos de cada construcción se reflejan también el gusto, la fantasía y el espíritu del arquitecto creador: en la fachada, las puertas, los ventanales, en el detalle de una cornisa, en la solución de una arcada, el trazo de una escalera, los niveles ópticos, la distribución y altura de los espacios interiores, iluminación conveniente, y materiales variados y armoniosos en color y textura, son, entre otros, elementos que regidos por la inquietud espiritual del arquitecto creador, configuran un edificio. Así, la arquitectura, satisfactor de una necesidad del hombre, deviene reflejo de su gusto y fantasía y desde luego es el fruto de la cultura de un pueblo y su historia.

Ya hablando de México, y su arquitectura, recordemos la célebre y acertada frase de ''la ciudad de los palacios'', con la que designó a la nuestra el barón Alexander von Humboldt, notable viajero y científico alemán (1769-1859), que estudió nuestro país entre 1802 y 1804. El erudito ensayo del historiador Ignacio González-Polo, parte de este libro, describe dos de aquellos palacios estilo barroco, obras del arquitecto criollo Francisco Guerrero y Torres: la casa de los condes de San Mateo de Valparaíso y el Palacio de Iturbide.

Como es sabido, Guerrero y Torres (1720-1792), levantó otras construcciones extraordinarias, que por fortuna, como las anteriormente citadas, aún existen: la Capilla del Pocito de la Villa de Guadalupe y la casa de los condes de Calimaya –sede actual del Museo de la Ciudad de México–, singular por el hecho de ser la primera edificación del país en la que un arquitecto novohispano utilizó un elemento prehispánico. La cabeza de serpiente, maravillosa obra azteca que, colocada en la parte inferior de la esquina de la gran fachada, la orna; más que eso, con seguridad fue empleada no sólo como simple motivo de decoración, sino como incitación a que la inteligencia mexicana respetara, estudiara y asimilara la grandeza de las culturas indígenas del pasado. Resultado inmediato de ello fue, sin duda, el adosamiento temporal de la llamada Piedra del Sol –conocida ordinariamente como Calendario Azteca–, al costado poniente de la Catedral Metropolitana. En ese mismo palacio, la casa de los condes de Calimaya, otro testimonio del mestizaje cultural es el haber construido en el patio, sobre un muro, una fuente que haciendo uso del agua como instrumento musical, cumple su papel de "cantar".

Mas no sólo fue la ciudad de México el terreno privativo donde se produjeron obras maestras de la gran arquitectura virreinal. En esta publicación el arquitecto Juan Urquiaga hace un serio y profundo análisis de varias muestras de ello, ilustrado con espléndidas fotografías de Marck Mogilner, artista de la cámara, de reputación internacional y de excelentes dibujos de planos, fachadas y detalles realizados por competentes arquitectos de la Dirección de Arquitectura del Instituto Nacional de Bellas Artes.

El libro contiene asimismo las descripciones e ilustraciones de la fachada de la casa de Francisco de Montejo, en Mérida, Yucatán, única joya del estilo plateresco en nuestro país, cuyos caprichosos ornamentos demuestran que ese género singular resultó no del todo ajeno al empleado en los monumentos del preclásico y clásico maya. Edificios del estilo barroco muy diferentes, pero no menos grandiosos son la Casa del Diezmo en Morelia, Michoacán; la casa de los condes de la Canal, en San Miguel Allende, Guanajuato, la más suntuosa y extraordinaria del Bajío, y la casa del conde del Valle de Súchil, otra edificación esplendorosa, en la ciudad de Durango. Todas ellas creaciones en que se manifiesta el talento de los criollos ilustrados del virreinato.

Cuando, todavía en el virreinato aparece la arquitectura neoclásica, por dictado del monarca español Carlos III, educado en el clasicismo durante su estancia en Roma y Nápoles, y que fue alérgico al barroco, muchas de las manifestaciones de este estilo en México fueron sustituidas por modelos académicos neoclásicos. Por supuesto, existen algunos ejemplos de gran importancia que integran también la fisonomía de nuestras ciudades. A finales del siglo XIX entra en boga un estilo ecléctico cuyas manifestaciones –romántico francés, art-nouveau y art-deco–, inspirado retrato de esa época, se encuentra en las primeras colonias de la ciudad de México, como la Roma, Juárez, San Rafael y Santa María la Ribera. Ya bien entrado nuestro siglo, en las obras contemporáneas pueden observarse nuevos sistemas constructivos utilizando los prefabricados que han dado lugar a la creación del estilo de la arquitectura vertical.

Por otra parte, como un bello y acertado ejemplo de la vinculación de la arquitectura de otros tiempos con la contemporánea, en este volumen –del que hemos pretendido ofrecer con estas líneas un panorama– se ilustra y se habla de la construcción anexa a la oficina matriz del Banco Nacional de México, llamada "Edificio Capuchinas/Carranza y Palma", y lo analiza un sobrio texto de Teodoro González de León, quien con Abraham Zabludovsky es coautor del edificio, ambos excelentes y afamados arquitectos mexicanos.

Esta inspirada expresión moderna, armoniza de manera extraordinaria con la obra de Guerrero y Torres en cuanto al manejo de ciertas constantes que no son en forma alguna "arqueologismo" ni de "mimetistmo"; son al contrario, una inspirada expresión moderna por el encuentro de nuevas formas, por el color y la textura, por los niveles, por las cornisas, la ventanería y por la soberbia esquina lograda, así como los materiales usados en las fachadas de concreto cincelado con grano de mármol y arena de tezontle rojo, llamada en la antigüedad "piedra de sangre".

Es evidente que en este caso los nuevos sistemas constructivos aberrantes y mal empleados han sido creativa y armoniosamente utilizados, sin contraponerse al espíritu de las formas tradicionales.

Con la edición de este volumen el Banco Nacional de México, continúa su larga tradición de la promoción de la cultura y cumple uno de sus objetivos fundamentales: servir a la comunidad en todas las formas a su alcance como testimonio de un esfuerzo en pro de los valores del espíritu. Se siente, por lo tanto altamente retribuido con los rescates arquitectónicos que ha realizado, antes de que el tiempo terminara por arruinar las suntuosas edificaciones que hoy forman parte de su patrimonio, así como de propiciar el rescate y la construcción de otras, ceñido su uso a programas relacionados con su función bancaria y cultural.

Fernando Gamboa

11

12

Palacio de Iturbide. Litografía de Casimiro Castro, siglo XIX.
Colección Banamex.

LOS PALACIOS SEÑORIALES DEL MARQUES DE JARAL
CONSTRUIDOS POR GUERRERO Y TORRES EN LA CIUDAD DE MEXICO

Ignacio González-Polo

l último artífice, sin duda, con que culminó en términos de calidad con broche de oro la arquitectura barroca doméstica en la ciudad de México, fue el "Maestro Mayor" Francisco Antonio Guerrero y Torres.

Con él se encarna plena de admirable imaginación, la última fase excepcional e innovadora del arte barroco novohispano, a fines del siglo XVIII.

De no ser por la irrupción y la acción opresora del arte neoclásico,[1] es probable que hubiera dejado una escuela de gran originalidad estilística.

Sin embargo, sobre el artista y su obra hasta hace unos años, poca información había. Los datos que se tenían sobre él resultaban hasta 1970, aislados, confusos e incompletos.[2]

Era preciso en primer lugar, esclarecer con puntualidad su cronología, y subsecuentemente algunos aspectos fundamentales de su persona.

Quien esto escribe independientemente de documentar exhaustivamente durante largos años de investigación, muchos de estos acontecimientos[3] que enriquecerá en una monografía más amplia, fue el primero en precisar su nacimiento y muerte.[4]

Guerrero y Torres nació –extramuros de la capital– en el pueblo y santuario de Nuestra Señora de Guadalupe hacia 1727; fue bautizado el 23 de febrero de ese año. Murió en la ciudad de México el 20 de diciembre de 1792.

Estrechamente vinculado con alarifes de la talla de Cayetano Sigüenza, José Alvarez, los Durán, García de Torres e Iniesta Vejarano, con ellos inició su vertiginosa carrera al lado del malogrado Ventura de Arellano.

De "cuerpo regular, trigueño, ojos azules, y con una cicatriz junto a la barba al lado derecho",[5] en sus inquietudes y afanes demuestra su recia personalidad. Examinado de arquitecto en 1767,[6] fue él quien asumiendo el cambio sin desprenderse de la tradición, inició una fuerte reacción contra el estípite, restableció las columnas y el uso de las pilastras, e impuso un nuevo sentido a la decoración ornamental, transformando, además, plantas y espacios; *v. g.*, sus obras más sobresalientes el conocido palacio con el nombre de Iturbide y la Capilla del Pocito en la Villa de Guadalupe.

Deseoso de novedades como el andaluz Lorenzo Rodríguez, autor del Sagrario, su fantasía no se redujo, señala Angulo, al trazado de fachadas, sino que se preocupó vivamente en la organización interior de muchos edificios que realizó. "La composición de sus portadas, sin embargo –agrega este tratadista español–, denota también no menos estudio y preocupación, y, sobre todo, nos descubre dotes de arquitecto verdaderamente de primer orden."[7]

Veedor de arquitectura, maestro agrimensor, académico de mérito de San Carlos, benemérito de la Real Sociedad Vascongada de Amigos del País y titular de las obras mayores del Real Palacio, la Catedral y el Tribunal de la Inquisición, Guerrero y Torres fue el arquitecto de moda que con mayor lucidez supo interpretar el gusto y refinamiento de la clase criolla dominante.

Independientemente de su producción –trabajó abundantemente para conventos e iglesias, muchos particulares e instituciones prestigiadas como la Universidad, la Nobilísima Ciudad y el Estado y Marquesado del Valle de Oaxaca–, su versatilidad como gran proyectista le ocupó intensamente en el género de la construcción doméstica, en el cual realizó obras de toda índole, algunas tan señaladísimas como el palacio de los condes de Santiago de Calimaya (hoy Museo de la Ciudad de México), los edificios gemelos del mayorazgo de Guerrero en las calles de Moneda, y las residencias espléndidas que construyó para los condes de San Mateo de Valparaíso y el marqués de Jaral de Berrio, respectivamente hoy, casa matriz y Dirección General del Banco Nacional de México (calle de Isabel la Católica esquina con Venustiano Carranza) y las oficinas de Fomento Cultural Banamex, A. C., objeto ambas de las líneas de este capítulo.

Por si todo esto fuera poco, Guerrero y Torres se distinguió por su afición a algunas ciencias y por el empleo de algunos métodos de utilidad pública.[8] Muy a propósito con el espíritu ilustrado de su época sin desprenderse con orgullo, de su tradición, se significó también como inventor.[9] En 1778 se halló presente en la espectacular observación del eclipse solar organizada por Antonio León y Gama.[10]

Con el consiguiente "séquito" profesional el artista amacizó una gran fortuna que lo convirtió en empresario y contratista de sus propias obras, un próspero mercader y en un agente activo de numerosos negocios.[11] Su buena vida al soslayo originó que lo señalara Antonio Alzate como un individuo acostumbrado a llevar "mucho tren y demás ínfulas", que lo presentaban "al público como un magnate".[12]

Al instalarse la Academia de San Carlos (1785), la buena estrella de Guerrero y Torres como arquitecto terminó. Sin embargo, imperturbable y remiso contra los cánones que imperaron con el neoclásico continuó agobiado su obra con la amenaza creciente de retirársele su licencia si persistía construyendo "contra las reglas del buen gusto", como lo proclamaba dicho movimiento academicista de origen francés.[13]

A pesar del radical embate opresor del tribunal de la inquisición del arte en que se convirtió la Academia de San Carlos, Guerrero y Torres murió en la línea, no sin antes mostrarnos de lo que todavía era capaz. Un año antes de su fallecimiento culminó, extramuros de la ciudad –único lugar en donde pudo hacerlo *mere gratis*–, su hermosísima y tardía Capilla del Pocito, con que puso punto final a la arquitectura barroca novohispana.

Su último proyecto importante para el templo de San José (situado en las calles de Ayuntamiento frente al mercado de San Juan), fue frustrado primero, con las enmiendas despiadadas que le hizo la Academia de San Carlos en 1790,[14] y finalmente, con su deceso, a pesar de su insubordinación característica. Estando ya la obra en cimientos se le encomendó al mediano neoclásico José del Mazo y Avilés, quien la concluyó sin apegarse "ni con mucho", según Tolsá (1798), a los planos de Guerrero y Torres.[15]

INTERVENCIONES DE GUERRERO Y TORRES COMO MAESTRO MAYOR DE LAS OBRAS DE JARAL DE BERRIO

Una de las familias más encumbradas para las que realizó el arquitecto Francisco Antonio Guerrero y Torres durante casi diez años (1769-1779) varias obras, es la que poseía los títulos del marquesado de Jaral de Berrio y el condado de San Mateo de Valparaíso.

Dicha familia la formaban respectivamente, el próspero minero, ganadero y caballero de Santiago, alcalde mayor y corregidor de la ciudad de México, don Miguel de Berrio y Zaldívar y su distinguida esposa doña Ana María de la Campa y Cos, quienes le encomendaron al famoso artista "la fábrica [del palacio] de la esquina del Angel –hoy sede del Banco Nacional de México–; la de la calle del Rastro; las accesorias de la calle de Zuleta y la obra grande en la misma calle –hoy desaparecida–; las bóvedas y cimborrio de la iglesia de San Bernardo; el puente de Tula; las casitas del Puente de Coliseo y la también grande –hoy sede de Fomento Cultural Banamex, A. C.– en la calle de San Francisco".[16]

De no ser por el grave percance al que el arquitecto se enfrentó, pues fue despedido por el marqués el 8 de marzo de 1779,[17] debido a que se desplomaron "los arcos y bóvedas del zaguán de la casa de la esquina del Angel y Espíritu Santo",[18] hubiera dirigido hasta el final la obra grande que estaba realizando en la calle de San Francisco.

Y aunque Guerrero y Torres quiso "reparar esta ruina a su costa", no lo consintió el marqués, antes por el contrario, liquidó éste a aquél por sus servicios.[19]

Aún después de muerto el marqués, el arquitecto intentó nuevamente "se le restituyese a la casa", lo que no permitió el albacea licenciado Francisco Xavier Gamboa.[20]

Finalmente, quien concluyó en 1785 conforme el plan maestro de Guerrero y Torres, la residencia que habitó años después el emperador Agustín de Iturbide, fue el sobrestante Agustín Durán, cuñado del arquitecto.[21]

LA RESIDENCIA DE LA "CALLE DEL ANGEL" HOY SEDE CENTRAL DEL BANCO NACIONAL DE MEXICO

Sin duda, una de las residencias más suntuosas que se hayan realizado durante el virreinato es la que adaptada convenientemente en nuestros días, es sede del Banco Nacional de México en la esquina que hoy forman las calles de Isabel la Católica y Venustiano Carranza.

Construida por Guerrero y Torres sobre los cimientos y los muros maestros de una vieja casona del siglo XVII, el reedificio de ésta se inició el día 5 de diciembre de 1769. La obra fue terminada el 9 de mayo de 1772, con un costo total de 115,000 pesos.[22]

De esta casa magnífica, orgullo de nuestra capital, ornamentada de perfiles mixtilíneos con reminiscencias platerescas, góticas y mudéjares, y compuestas de una soberbia fachada en la que se yerguen un torreón y una graciosa hornacina en el ángulo superior, el historiador y crítico de arte Manuel Toussaint nos hace una muy completa y detallada descripción, comenzando por el interior de la planta baja, que dice así:

"El patio principal suntuosamente decorado igual que las fachadas, es notable por tener sus corredores altos sostenidos por sólo tres arcos que se cruzan en sus riñones, ofreciendo un singular aspecto de audacia y ligereza. Al fondo del patio se abre una bella puerta que conduce a la escalera. La escalera, parte quizás más notable del monumento, se encuentra precisamente entre los dos patios, pero cada uno tiene su entrada de embarque. Es aquélla en efecto de doble rampa, con desarrollo helicoidal. No es escalera de caracol, porque ésta tiene el alma central cilíndrica, en que se apoyan los peldaños; tampoco es cierto que una rampa conduzca al primer piso, en tanto que la otra lleve al entresuelo; las dos conducen al primer piso y las dos tienen acceso al entresuelo; lo notable es que, la que tiene puerta para el patio de honor, conduce a los corredores que están sobre este patio, en tanto que la otra, que tiene entrada para el segundo patio, lleva a los pisos que están sobre este segundo; la escalera de honor y la de servicio, perfectamente diferenciadas, han tenido cabida en una sola estructura arquitectónica resolviendo el problema de modo admirable. Una bella cúpula corona esta monumental escalera, única que yo he sabido en México."

"La azotea, en vez de pretil, tiene barandales de hierro forjado entre los bellos remates, y es una verdadera terraza. Ahí pueden admirarse las dos cúpulas revestidas de azulejos –la de la escalera y la de la capilla– y un súbito recuerdo nos viene de improviso: las cúpulas de la Capilla del Pocito. Tienen, en efecto, el mismo corte, igual proporción, idénticos sitios una respecto de otra. Y si tenemos presente que la Capilla del Pocito, obra maestra de nuestra arquitectura virreinal, fue construida por el mismo Guerrero y Torres, en 1791, no podemos menos de pensar en un anticipo de aquella obra, que si no la motivó precisamente, puesto que al resolverse el problema, la planta exigiría igual partido que la techumbre, sí le dio ya en realidad el aspecto admirable que presentaría el coronamiento de la capilla."

"Muéstranos en su fachada el edificio elegancia de líneas y gran sobriedad en la distribución del ornato."

"Compónese ésta, en la planta baja, de pilastras adornadas de recuadros hundidos y bordeados de molduras ondulantes. Jambas, dinteles y pretiles sencillos, moldurados con sobriedad. La portada principal es más suntuosa, pues adorna la sotabanca de sus pilastras con marcos en relieve; forma su entablamento completo y ostenta un gran motivo esculpido con adornos vegetales y dos ángeles en relieve de tres cuartos, que parecen sostener un medallón oval del escudo de la familia. El arco de la puerta es escorzado, con la clave graciosa-

mente acusada hacia abajo. Un enorme cornisón divide los dos pisos y da suelo a los balcones, cuyos barandales de hierro forjado se apoyan sobre robustos pies de gallo. El segundo piso repite los motivos del primero, prolonga las pilastras, que tienen ornatos semejantes y sostienen la cornisa del edificio, con un friso convexo, lujosamente esculpido, y gárgolas sostenidas por angelitos que descansan en ménsulas con mascarones, roleos y flora. Obedeciendo el partido que causa la distribución de estas gárgolas, se acomodan los elegantes estípites que coronan la casa, entre cuyos basamentos corren los tramos del barandal de hierro."

"En la esquina se yergue el balcón característico que no es ya sino una habitación más, con balcones a las dos calles, y un nicho en su ángulo. El estilo de este nicho es diverso del que campea en el resto: recuerda por sus columnillas salomónicas y sus ornatos superiores, el barroco mexicano del siglo XVII. La imagen es de Nuestra Señora de Guadalupe."[23]

EL CONOCIDO PALACIO CON EL NOMBRE DE ITURBIDE

Habiendo sido despedido el arquitecto Guerrero y Torres por el marqués de Jaral de Berrio en 1779, cuando la "obra grande" de la calle de San Francisco se hallaba "muy en los principios y sólo levantados los primeros altos del lienzo de afuera",[24] sin embargo, continuó la edificación conforme el plan "trazado, dispuesto y delineado"[25] por el insigne arquitecto guadalupense.

El plan trazado por Guerrero y Torres consistió en un reedificio total de la antigua casa que perteneció al contador mayor del reino de la Nueva España, don Francisco de Córdoba, y que por compra pasó a manos de las monjas de Santa Brígida antes que la adquiriera en propiedad el marqués de Jaral de Berrio. El costo de la obra era, hasta 1782, de 135,603 pesos 2 reales, más 27,688 pesos 6 reales que se invirtieron posteriormente para concluir otros detalles.[26]

El lujo y la magnificencia con que culminó este edificio en 1785, se deben según la tradición, a que el propietario, don Miguel de Berrio y Zaldívar, para impedir que su fortuna cayese en manos del consorte manirroto de su hija, marqués de Moncada, ordenó a su arquitecto levantara una casa cuyo costo igualara a la dote. De ahí el derroche de lujo ennoblecido por el arte.

Haya o no sido cierto lo que narra esta tradición, lo que sí es un hecho indudable es que don Pedro de Moncada y Branciforte supervisó con sus ideas el estilo de esta maravillosa mansión con reminiscencias renacentistas del palacio real de Palermo.

Admirable ejemplo de sapiencia compositiva y ponderada aplicación de una ornamentación siempre original y vistosa, el edificio que pasó a ser palacio imperial durante nueve meses de Agustín I, está considerado una obra maestra de la arquitectura civil mexicana y quizá el mejor ejemplo de estilo barroco.

Su aspecto general, por la seriedad que le imprime la preponderancia de líneas rectas y el buen gusto y profusión de su ornamentación con una excelente técnica de cincelado, produce impresión de poder y riqueza.

Siendo el edificio doméstico más alto de su época, tiene tres pisos: el primero, muy elevado, con entresuelo; el segundo a la manera convencional, y el tercero formado por dos torreones unidos por una galería compuesta de cinco grandes arcos.

Si los vanos del primer piso son ocho, con marcos de piedra decorada con motivos geométricos, los del entresuelo son cuatro, dejando así varios entrepaños que se enriquecen con medallones.

La grata combinación cromática de tezontle y cantera de su portada, que es la más rica que se haya labrado en la época virreinal, destaca la belleza de sus pilastras, ornamentadas con motivos vegetales, grecas y pequeñas sirenas aladas con doble cola; su gran arco rebajado y su rica guardamalleta mixtilínea flanqueada por dos esculturas de atlantes. Arriba de la cornisa, con un friso esculpido, está el balcón corrido del tercer piso, elaborado en hierro forjado.

En el interior su patio solemne y grandioso, ¡único! tiene dieciocho arcadas cuyas columnas con su base alta esgrafiada geométrica, son de orden dórico toscano y los arcos de medio punto. Sin duda, su esbeltez nos recuerda uno de esos palazzi de Milán o de Florencia.

En las enjutas hay medallones italianizantes con una reminiscencia plateresca que tiene personajes enmarcados en coronas de laurel.

Situada en la planta principal, la capilla doméstica tiene una portada que es de filigrana en la que luce una imagen de la Virgen de Guadalupe, entre tanto sus bóvedas poseen un trazo semejante a la generación de techumbres que logró el arquitecto en su obra máxima: la Capilla del Pocito.

Durante el siglo pasado la residencia del marqués de Moncada, al finalizar el efímero imperio de Iturbide, fue prestada a la Escuela de Minas, y posteriormente con algunas modificaciones fue adaptada a hotel en tres ocasiones, una en 1850, otra en 1855 y finalmente en 1899, en que el señor Francisco Iturbe le encomendó al arquitecto Emilio Dondé la ejecución de algunas reformas, entre ellas un nuevo piso, el cambio de la fachada oriente del patio con objeto de igualarla con la del poniente, el techado del mismo y otros arreglos interiores.

Por último, en 1965 fue adquirido por el Banco Nacional de México, hoy Fomento Cultural Banamex, A. C., quien le restituyó su aspecto original y lo restauró magníficamente para convertirlo con discreción en 1972, en sus oficinas,[27] y más tarde en sede de las actividades culturales propiciadas por dicha institución.

18

Notas

[1] *Vide* mi ensayo en preparación intitulado: *De cómo el arte del neoclásico se impuso al barroco.*

[2] *Cfr.* al respecto a Manuel Toussaint. *Paseos coloniales*, 2a. ed., México, UNAM: Instituto de Investigaciones Estéticas, 1962; Heinrich Berlin. "Notes and comment. Three master architects in New Spain". *The Hispanic American Historical Review*. Durhan, XXVII, 2, may 1947: 375-383; Diego Angulo Iñiguez *et al. Historia del arte hispanoamericano*. México, Salvat Editores, 1950-1956: II, 589-607; Francisco de la Maza. "Noticias sobre arquitectura colonial". *Anales del Instituto de Investigaciones Estéticas*. México, VI, 17, 1953: 19-26; Glenn Neil Patton. *Francisco Antonio Guerrero y Torres and the baroque architecture of Mexico City in the Eighteenth Century*. Ann Arbor, 1958, VIII, 245 p. (Tesis de Doctor en Filosofía. University of Michigan).

[3] *Vide* su bibliografía al respecto en su libro *El palacio de los condes de Santiago de Calimaya*. 2a. ed., México, Departamento del Distrito Federal, 1983 (Distrito Federal, 1): 141.

[4] Ignacio González-Polo. "Nacimiento, vida y muerte de Francisco Antonio Guerrero y Torres". *Boletín bibliográfico de la Secretaría de Hacienda y Crédito Público*. México, 2a. ép., año XVII, 455, 15 de enero de 1971: 18-19.

[5] *Partida de examen del arquitecto Francisco Antonio Guerrero y Torres* –20 junio 1767–, Archivo Histórico de la Ciudad de México (en adelante citado AHCM): *Artesanos y arquitectos*, 382, exp. 8, f. 79.

[6] *Ibid.*

[7] Diego Angulo, *op. cit.*: II, 590.

[8] *Vide* Ignacio González-Polo. "Un raro impreso del arquitecto Guerrero y Torres". *Boletín del Instituto de Investigaciones Bibliográficas*. México, 6, julio-diciembre de 1971: 151-159.

[9] *Ibid.*

[10] Antonio León y Gama. *Descripción ortographica universal del eclipse de sol del día 24 de junio de 1778...* México, Imp. Matritense de Felipe de Zúñiga y Ontiveros, 1778: XXIII.

[11] *Vide* nota 4 y del autor su capítulo: "El arquitecto Francisco Antonio Guerrero y Torres", en Guillermo Berlanga Fernández de Córdoba Moncada *et al. El palacio de Iturbide*. México, Fomento Cultural Banamex, A. C., 1972: 45-54. Recientemente Gabriel Loera dio a conocer íntegramente los textos de sus testamentos en su artículo: "Francisco Antonio Guerrero y Torres, arquitecto y empresario del siglo XVIII". *Boletín de monumentos históricos*. México, 8, 1982: 61-84.

[12] Sección de Manuscritos de la Biblioteca Nacional de México: *Cedularios*, Ms. 1392.

[13] *Vide* nota 1.

[14] Archivo de la antigua Academia de San Carlos: gaveta 4, exp. 576.

[15] *Ibid.*: gaveta 6, exp. 718.

[16] *Vide* Ignacio González-Polo. "Memorial relativo al llamado Palacio de Iturbide". *Anales del INAH*. México, 7a. ép., III, 1970-1971: 91.

[17] *Ibid.*: 90. El primero en dar noticia de este acontecimiento fue el investigador Heinrich Berlin, *op. cit.* Sin embargo, su información no es completa ni precisa. No nos indica con claridad, ni la fecha en que este acontecimiento sucedió, ni las razones por las que el marqués despidió al insigne arquitecto. Tampoco nos informa en qué fecha se inició, cuándo se concluyó, y con qué costo, el edificio que hoy alberga a Fomento Cultural Banamex, A. C.

[18] *Ibid.*: 87.

[19] *Ibid.*: 90 y 94.

[20] *Ibid.*: 96.

[21] *Ibid.*

[22] *Ibid.*: 83.

[23] Manuel Toussaint. *Banco Nacional de México, S. A., Quincuagésimo aniversario de su fundación*. México, Cultura, 1934: 101-103.

[24] González-Polo. "Memorial...". *op. cit.*: 88 y 94.

[25] *Ibid.*: 86.

[26] *Relación general de los bienes inventariados por fallecimiento del señor D. Miguel de Berrio y Zaldívar, conde de San Mateo de Valparaíso, primer marqués de Xaral de Berrio*, en Archivo particular del señor Guillermo Berlanga Fernández de Córdoba, fs. 122 y 162v.

[27] *Vide* Guillermo Berlanga Fernández de Córdoba *et al. El palacio de Iturbide, op. cit.*

EDIFICACIONES VIRREINALES
DEL BANCO NACIONAL DE MEXICO
Juan Urquiaga

l Banco Nacional de México, desde su fundación en el viejo palacio de los condes de San Mateo de Valparaíso, ha ido adquiriendo a través de los años las seis casas de gran valor patrimonial que en esta primera parte se presentan. La Dirección de Arquitectura y Conservación del Patrimonio Artístico del Instituto Nacional de Bellas Artes ha realizado el análisis arquitectónico de estos monumentos con la idea de dar a conocer sus relevantes valores estéticos, ya que la arquitectura ha sido considerada a través de los tiempos como una de las bellas artes.

Para este fin se tomaron una serie de fotografías, desde puntos previamente establecidos, con lo que se pretendió captar el espacio arquitectónico, conscientes de todos los problemas que esto implica. Algunas de estas tomas presentaron gran dificultad; de otras debió prescindirse. Se hizo indispensable complementarlas con cortes horizontales y verticales. Se hicieron restauraciones ideales y modificaciones en algunos de los dibujos, con el fin de presentar cada monumento lo más cercano posible a su estado original, suprimiendo los elementos agregados, necesarios a los nuevos usos, que alteran su autenticidad, para dar una idea lo más apegada a la realidad de la forma arquitectural y de la articulación de sus espacios. Las tomas generales con grandes perspectivas permiten hacer sentir, en los casos en que fue posible hacerlo, la estructuración del espacio monumental y su modulación formal; el detalle escultórico, por importante que sea, es circunstancial en la obra arquitectónica y así se le ha tratado, como un simple complemento ornamental.

En los textos se ha procurado eliminar todo aquello que pudiera resultar anecdótico. Se proporciona la información básica para situar al monumento en el tiempo y en su geografía. En el análisis arquitectónico que lo acompaña se ha eludido el elaborar teorías que por ser consecuencia de una realidad histórica y social de una época, pudieran tener una escasa vigencia en el tiempo. Se ha procurado seguir el desarrollo de la forma arquitectónica con todas sus implicaciones, para comprender la estructuración de los espacios. Dejamos a los historiadores la tarea de descifrar la identidad de los autores de los espléndidos palacios del conde del Valle de Súchil en Durango y el de don Manuel de la Canal en San Miguel Allende. Esto permitirá establecer relaciones estilísticas y la influencia que se irradió desde la metrópoli a las provincias de la Nueva España, si como lo imaginamos fueron sus autores arquitectos de la capital del virreinato o en estrecha relación con ese círculo.

No nos sujetamos en la presentación al orden cronológico de construcción; pensamos que es mejor principiar atendiendo a la representatividad de los monumentos y a la afinidad de sus programas arquitectónicos; de esta manera establecimos una secuencia que comienza por las cuatro grandes residencias del siglo XVIII, el gran siglo del barroco novohispano: los palacios de los condes de San Mateo de Valparaíso y de los marqueses del Jaral de Berrio, concebidos por el mismo arquitecto Francisco de Guerrero y Torres en la ciudad de México; luego el palacio del conde del Valle de Súchil, en la ciudad de Durango; y el erigido por don Manuel de la Canal en San Miguel de Allende. Seguimos con un edificio que tiene un programa arquitectónico muy diferente de los anteriores, por su carácter utilitario, que es la Casa del Diezmo en la ciudad de Morelia, para concluir con el inmueble más antiguo, construido por el conquistador Francisco de Montejo a mediados del siglo XVI, cuyo programa, si bien es del género habitacional, tiene las modalidades propias de su época, que lo hacen diferente a los palacios barrocos del siglo XVIII (que conforman una solución arquitectónica muy similar, modificada únicamente por las características y topografía del terreno).

El palacio dieciochesco constaba generalmente de tres niveles: la planta baja que era la de servicio propiamente (allí estaban las cocheras, bodegas y dependencias para la servidumbre, las caballerizas se colocaban en el segundo patio); el entresuelo, destinado a las oficinas administrativas y archivos de las haciendas (ganaderas, mineras o agrícolas); y la llamada planta noble, que era el lugar de habitación. Alrededor del patio principal encontramos dispuestas las diversas estancias que la componen, divididas en aquellas destinadas a habitar o recibir. En el lado del patio que daba a la calle se ubicaba el llamado "salón del estrado" con el acceso a través de una antesala, decorado con un crucifijo de marfil bajo un baldaquín, a cuyos pies estaba el "estrado", compuesto por sillones y sillas sobre una plataforma alfombrada cercada por una barandilla o algún biombo. Completaban el mobiliario mesas y consolas con tibores de loza de China o de Talavera de Puebla. De la viguería del techo y de los muros tapizados de terciopelo o de damasco pendían candiles y cornucopias de plata o de madera dorada; espejos y pinturas con temas religiosos o retratos lujosamente enmarcados. En el caso, como son aquellos en que la residencia perteneciera a la nobleza titulada, junto al salón del estrado se disponía el "salón del dosel", privilegio que les había sido concedido y cuyo amueblado lo presidía el retrato del monarca reinante, el sitial con el dosel y sillas acomodadas alrededor.

Singular importancia tenía el oratorio, con acceso a través del corredor superior y portada ricamente labrada; en el interior se encontraba un retablo de plata o de madera dorada. Existía también un salón llamado "asistencia", que subsistió hasta la casa porfiriana y servía para recibir familiares y visitas informales; su amueblado era más libre y se componía de costureros, biombos, fraileros, sillas, vargueños y cómodas sobre las cuales proliferaban imágenes religiosas.

Las recámaras bordeaban el otro lado del patio y los muebles que tenían eran una cama con columnas y colgaduras de damasco, con alta cabecera profusamente decorada (las había con paisajes pintados o taraceados), roperos de muy diversos tipos, cómodas, lavamanos con bandejas de plata o cerámica, y en los muros, cuadros con temas religiosos. Junto a la recámara principal estaba el cuarto para el mueble del tocador con su espejo, lebrillo y jarra para el agua. El comedor se situaba casi siempre junto a la escalera. Su decoración era muy sencilla: una gran mesa con su centro, generalmente de plata y sillas alrededor; algunos estantes con piezas de plata y cerámica completaban el conjunto. Eran notables las vajillas, algunas manufacturadas por la Compañía de las Indias y otras de plata labrada. La cocina decorada con ollas de barro y brasero revestido de azulejos poblanos se separaba del comedor por un antecomedor y daba al segundo patio; junto a ella había una azotehuela a la que también daba la repostería que servía de despensa así como para la elaboración de los dulces y el llamado cuarto de placer o baño, con su pila de azulejos de Talavera. Algunas de estas casas para ayudar a su mantenimiento, tenían incorporadas para arrendar las llamadas "accesorias" que eran comercios o talleres con una vivienda en el tapanco. Así era en síntesis la distribución y el amueblado de los palacios del barroco, semejantes a los cuatro que son motivo de este estudio.

Las Casas del Diezmo que dependían de los cabildos catedralicios estaban destinadas a almacenar la retribución que se hacía a la Iglesia y que se pagaba en especie, para lo cual era necesario contar con vastas bodegas para almacenar granos y que aún se pueden ver en aquellos edificios que fueron construidos expresamente para ese fin.

La casa habitación en el siglo XVI estaba concebida como una auténtica torre fortaleza dominada por un carácter marcadamente militar; hay que recordar que se vivía en una época turbulenta en la cual la conquista acababa de cristalizar.

La Dirección de Arquitectura y Conservación del Patrimonio Artístico del Instituto Nacional de Bellas Artes agradece al señor Marck Mogilner el esfuerzo por él realizado para lograr unas fotografías que reflejaran lo más fielmente posible la esencia arquitectónica de los monumentos, apegándose con rigor a los puntos de vista que se le indicaron. A los arquitectos José Luis Benlliure y Víctor Jiménez por sus observaciones sobre los esquemas compositivos y formales que condujeron a establecer el análisis arquitectónico. A los arquitectos José María Bilbao, José Luis Ruvalcaba, Alejandro Sánchez Laurel y al taller de la Dirección de Arquitectura por la coordinación del trabajo de levantamiento de planos y dibujo de los mismos, así como al arquitecto Mayolo Ramírez Ruiz por el dibujo de la perspectiva de la casa de los condes de San Mateo de Valparaíso, actual sede de la Dirección General del Banco Nacional de México.

Sirvan estas breves notas introductorias al lector, como un preámbulo a las imágenes que contemplará en las siguientes páginas.

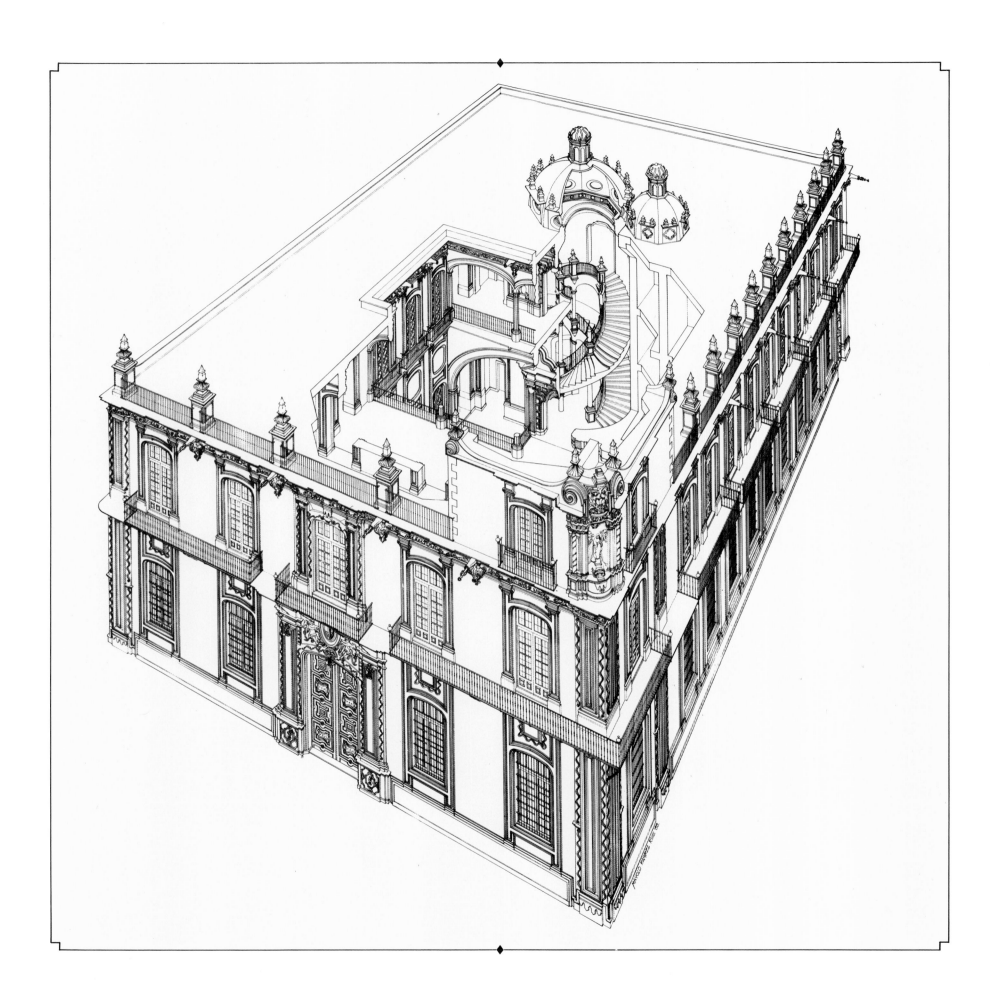

23

Palacio de los condes de San Mateo de Valparaíso.
Dibujo de Mayolo Ramírez Ruiz, 1968.

CASA DE LOS CONDES
DE SAN MATEO DE VALPARAISO
Ciudad de México

a casa en que se aloja actualmente la Dirección General del Banco Nacional de México fue mandada construir por Miguel de Berrio y Zaldívar, entre 1769 y 1772. La casa se conoce, por el título de su esposa, como de los condes de San Mateo de Valparaíso. El arquitecto fue Francisco Guerrero y Torres, autor del proyecto de la Capilla del Pocito, en la Villa de Guadalupe, así como de otro edificio de la misma familia, el que es hasta la fecha conocido como Palacio de Iturbide.

Se trata de un edificio en esquina con esquema usual para las casas de la época: acceso central por una de las fachadas (en este caso, la más corta), que conduce a un patio asimétrico de tres corredores (originalmente: al ampliarse el edificio en este siglo se creó el cuarto corredor), con una escalera anexa al mismo patio. Al fondo del terreno se encontraban las dependencias de servicio. En la esquina, como una especie de torreón, destaca una habitación con un nicho muy ornamentado en el ángulo. La decoración, por lo demás, se ve muy restringida en el resto de las fachadas. La propia portada principal apenas recurre a dos gruesas pilastras con ornamentación curvilínea, y a un relieve escultórico sobre la puerta con el escudo nobiliario (estas pilastras vuelven a aparecer en la esquina rematando en el nicho mencionado). Al adaptarse para alojar las oficinas del entonces Banco Nacional, en 1884, se eliminó el entresuelo de la casa, modificándose en consecuencia las ventanas de la planta baja, que se hicieron más largas. La casa presenta ahora sólo dos pisos, con un vestigio del entresuelo en las puertas-ventanas que dan al patio y en algunas de las ventanas de las fachadas.

En el patio el arquitecto Francisco Guerrero y Torres recurrió a una solución de gran espectacularidad para salvar los tres claros originalmente existentes, con sendos arcos de grandes dimensiones (dos de ellos de 14 metros, y el restante de 16) que libran todo el claro, de pared a pared, sin apoyos intermedios, entrecruzándose en dos puntos de manera obligada, en una solución que es común en otros edificios de la colonia, particularmente en Morelia. En el patio se aprecian los vanos con puerta y ventana unidas por las jambas, ya mencionadas. Pero lo que destaca de manera más notoria, tanto en la planta baja como en la alta, son las portadas muy elaboradas que conducen a la escalera, a eje con el acceso principal y el patio. La de abajo es más alta, con una ventana muy grande –tal vez demasiado– de perfil curvilíneo, encajada en el espacio que deja libre un frontón triangular quebrado. El vano de la puerta se cierra con un arco accidentado enmarcado con un almohadillado muy acusado, entre dos pilastras estriadas. La portada de arriba prescinde de la gran ventana, e introduce sobre el esquema de la anterior las variantes de las pilastras ondulantes, así como el frontón quebrado con la cornisa en cuarto de círculo.

Por su espectacularidad la escalera de esta casa es tal vez el rasgo que más se asocia con ella; proviene de un prototipo desarrollado en Italia desde el siglo XVI (son célebres, por ejemplo, la de Bramante en el Vaticano y la de Vignola en Caprarola, así como las que, bajo la influencia del primero, desarrolló Leonardo en dibujos, con doble rampa, quedando un reflejo de sus ideas en Blois, Chambord y otros sitios en Francia). En este caso particular se trata de una solución con dos rampas en espiral, que se apoyan en un muro circular exterior y cuatro columnas sobre ejes diagonales en el interior. La geometría de este tipo de curvas tiene siempre, a escala arquitectónica, un poderoso efecto sobre el que las ve, y este caso no es la excepción. Curiosamente, la decoración es muy escasa, casi inexistente, en la escalera misma (que acusa así las dificultades que su trazo ofreció a Guerrero y Torres). El espacio ocupado por la escalera se cubre con una cúpula. Inmediata a la escalera, en la planta alta, se encontraba la capilla, de la que se conservan la portada y la cúpula, más pequeña ésta que la anterior, a la que se encuentra prácticamente adosada. El muro posterior de la capilla fue derribado para dar paso al corredor. El interior, de un siglo a la fecha ha sido muy modificado; una restauración adecuada permitiría recuperar valores espaciales actualmente perdidos. El nuevo patio anexo, que pretendió ser una reproducción del antiguo, confunde y altera la auténtica organización espacial del edificio.

En uno de los arcos del patio aparece, cosa insólita en este tiempo, la firma del arquitecto, en esta leyenda: "Se hizo esta Obra y Costeó el Sr. Dn. Miguel de Berrio y Zaldívar, conde de Sn. Matheo Balparaisso del Consejo de su Majestad en el Real y Supremo de Hazienda y Contador Decano Jubilado del Real Tribunal y Audiencia de Cuentas de este Reyno a Dirección del Vedor i Maestro Don Francisco de Guerrero y Torres. Se acabó Ao. de 1771.''

30

Fachada principal (estado actual, con las ventanas de la planta baja modificadas; el cuerpo de la izquierda fue agregado en el siglo XX).

Torreón y fachadas de la casa. ▶

32

Fachada lateral (estado actual, con las ventanas de la planta baja modificadas).

33

Balcón central de la portada principal.

Hornacina.

Detalle con la escultura de la Virgen de Guadalupe.

36

Balcones del patio principal.

Patio principal con los arcos entrecruzados. ▶

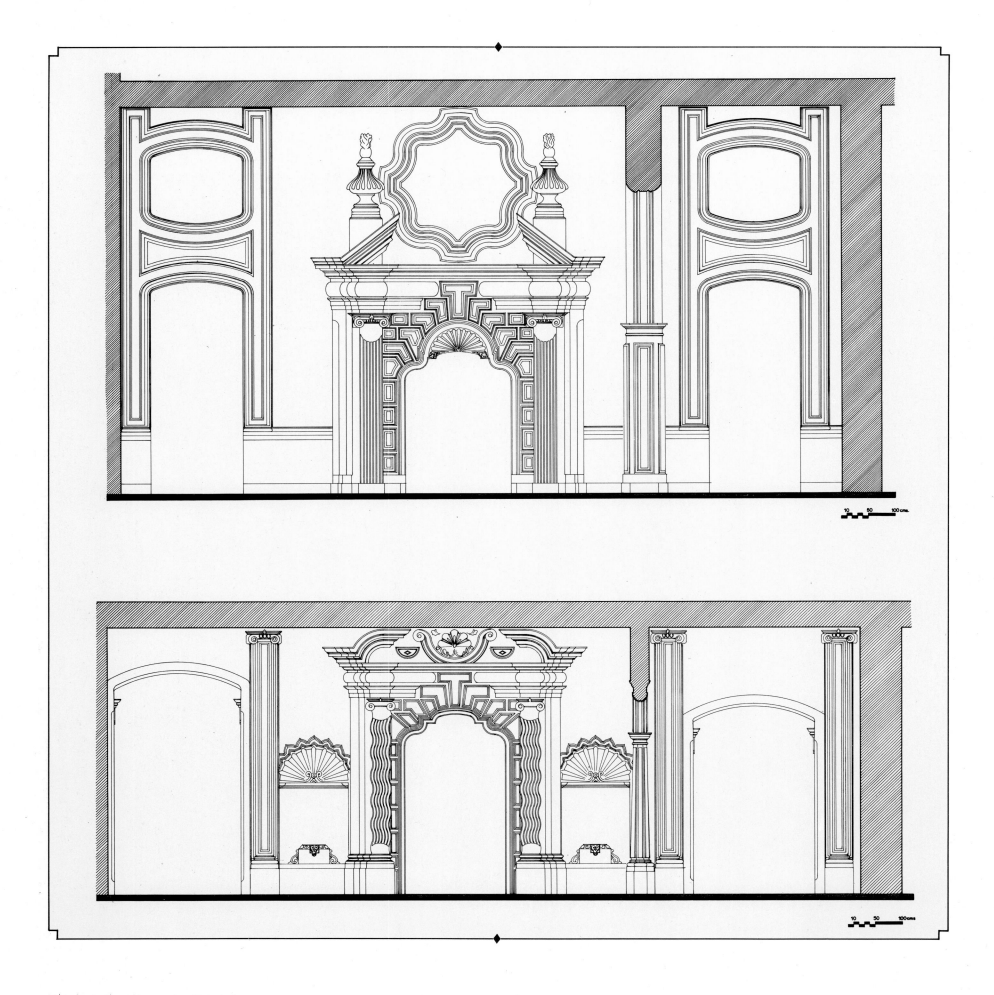

38

Portada de la escalera en la planta baja.

Portada de la escalera en la planta alta.

Portada de la escalera en la planta baja. ▶

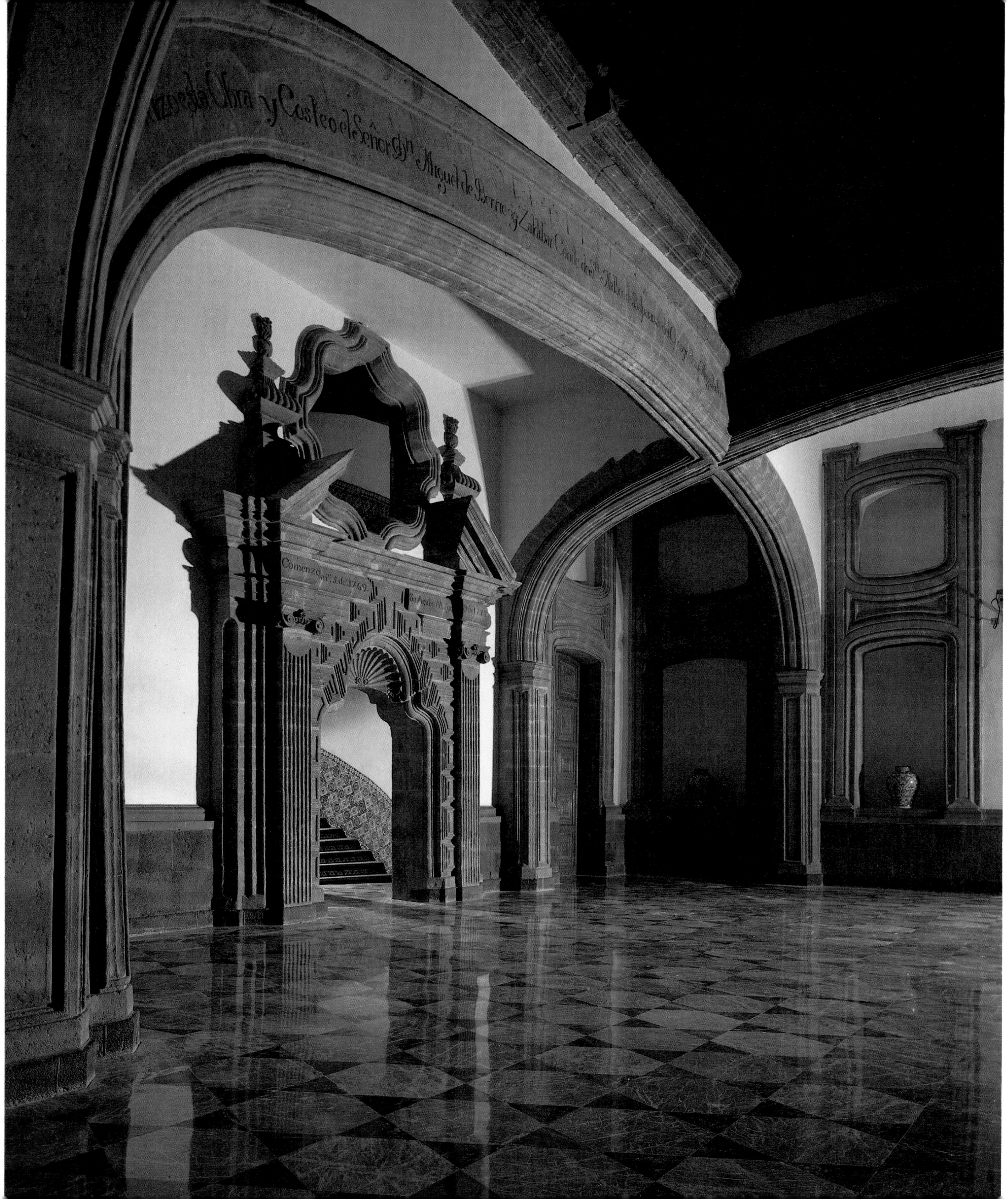

39

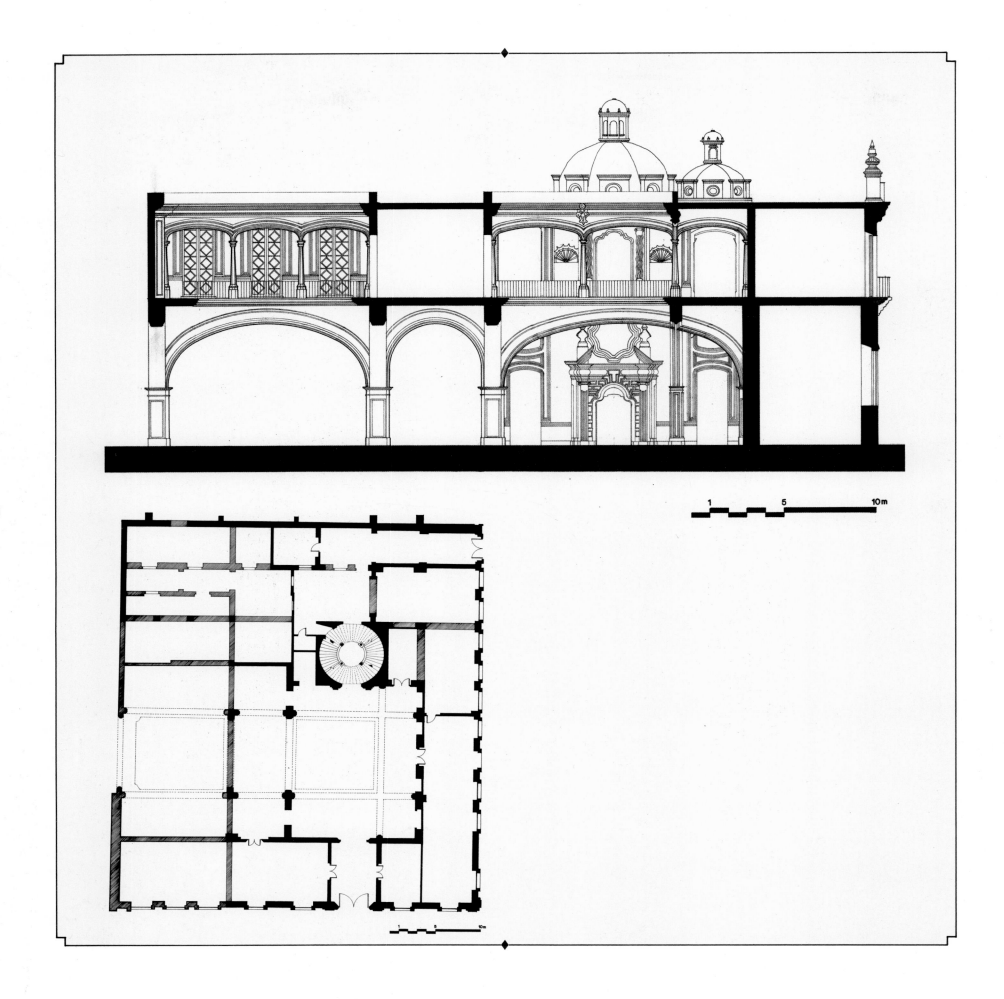

40

*Planta baja (estado actual, con las supresiones
y agregados de los siglos XIX y XX indicados con gris).*

Corte transversal (estado actual; el patio de la izquierda es del siglo XX).

Vista de la arquería superior del patio.

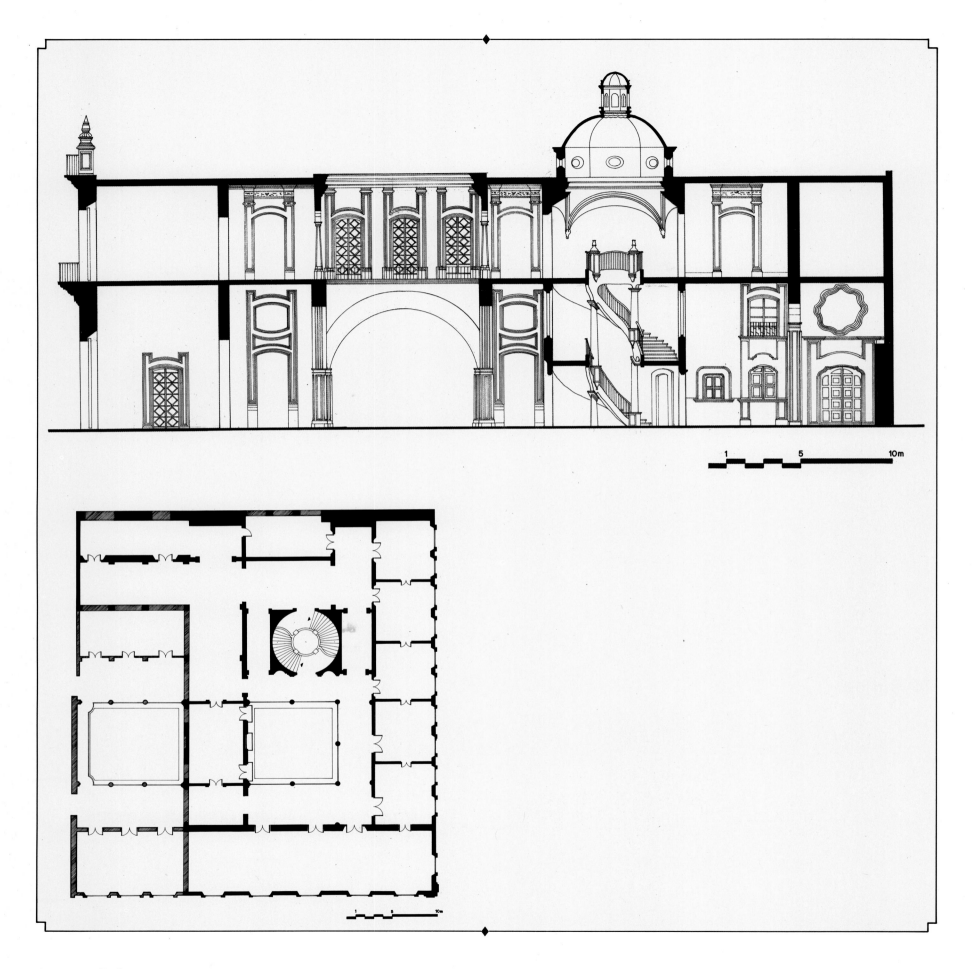

42

Corte longitudinal.

Planta alta (estado actual, con las supresiones
y agregados de los siglos XIX y XX indicados con gris).

Detalle de la portada de la escalera en la planta alta.
Al fondo, retrato del conde de San Mateo de Valparaíso. ▶

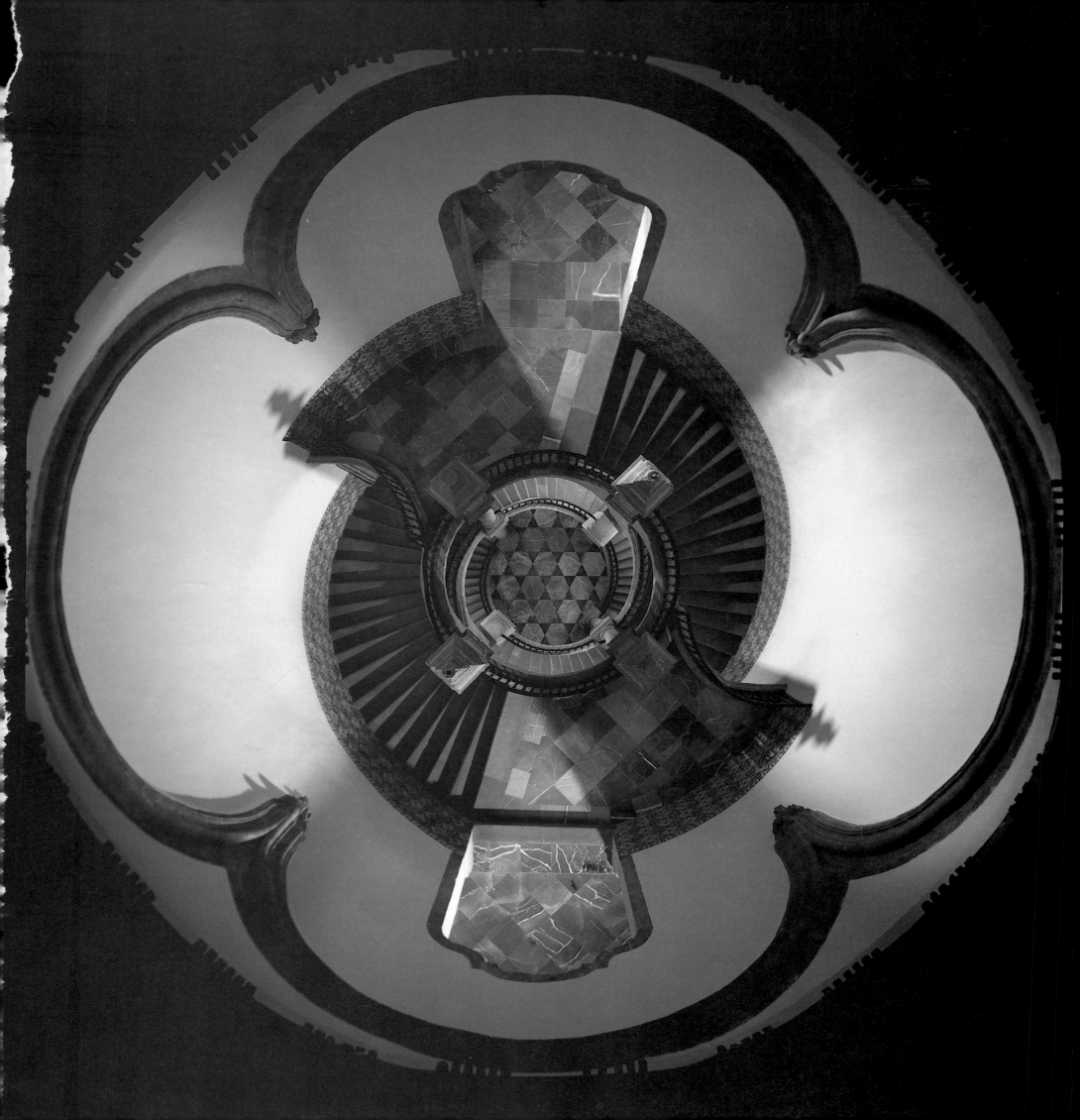

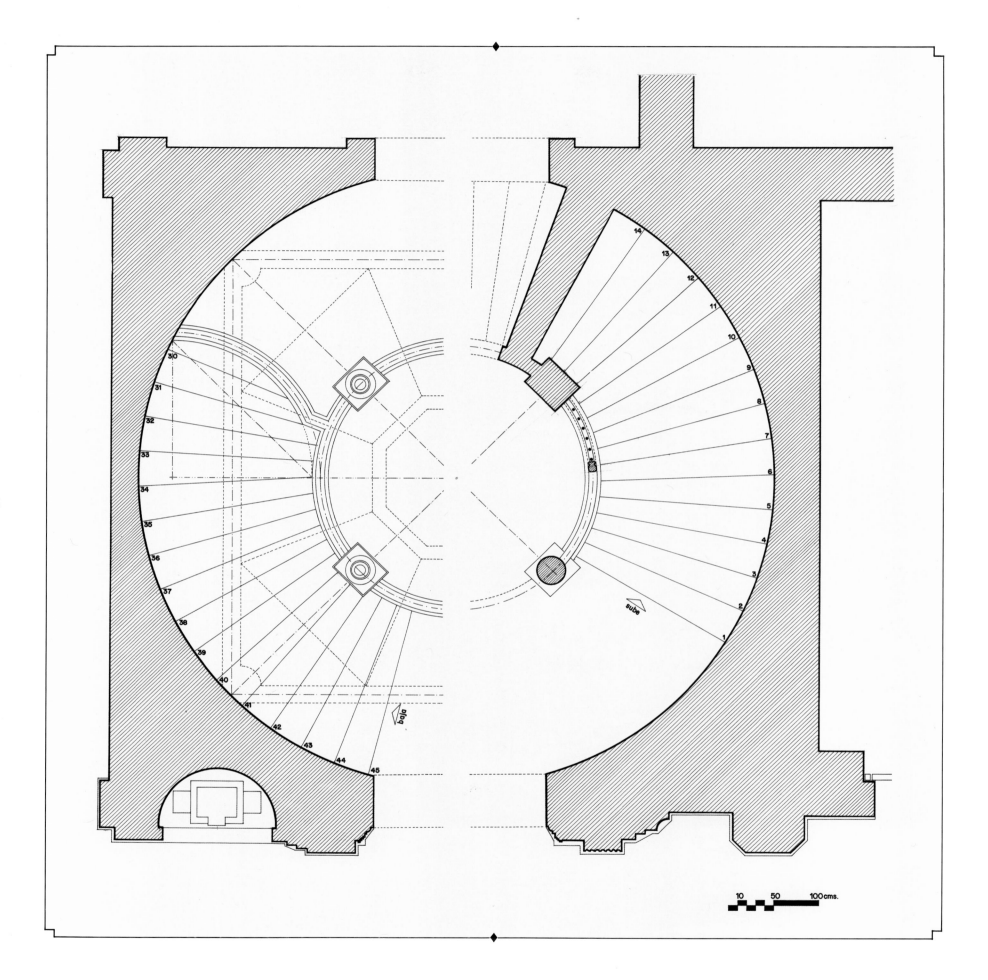

45

Planta de la escalera, con el arranque y el desembarque.

◄ *Portada de la escalera en la planta alta.*

Vista de la escalera desde la linternilla de la cúpula. ►

Escalera. Arranque de las rampas helicoidales.

◄ *Escalera. Rampas helicoidales.*

Bóvedas de la capilla.

PALACIO DE ITURBIDE
Ciudad de México

a construcción de esta casa fue ordenada por el mismo Miguel de Berrio y Zaldívar, entonces ya marqués del Jaral de Berrio, que hizo edificar la casa de los condes de San Mateo de Valparaíso, que acabamos de ver. El arquitecto, Francisco Guerrero y Torres, es también el mismo. El nombre con el que se le conoce obedece a que entre 1821 y 1823 ocupó este palacio, para su residencia, Agustín de Iturbide.

El palacio ocupa en la actualidad un terreno casi cuadrado, con una sola fachada a la calle, al norte, y adopta un esquema aproximadamente simétrico, con el patio, rectangular, al centro. Este patio originalmente estaba circundado por dos fachadas cerradas y dos corredores, en lados opuestos, según un esquema poco usual (el más acostumbrado es el de dos corredores en "L"). El patio se resuelve en dos niveles solamente (con el entresuelo incorporado en el nivel bajo). Como todo el interior del edificio, ha sufrido con el tiempo numerosas modificaciones, por lo que debe hacerse un gran esfuerzo para imaginar su aspecto original. En la planta alta del patio son originales solamente las fachadas paralelas a la calle, una con arquería y otra con tres ventanas (dos de éstas exactamente a eje con las correspondientes columnas del nivel inferior).

La fachada de esta casa adopta un esquema desacostumbrado en la arquitectura colonial mexicana, tanto por el número de sus niveles (cuatro en vez de dos o tres) como por su ordenación. Parecería que Guerrero y Torres tratase de destacar sobre todo tres de los cuatro niveles, en el sentido vertical, mientras que a lo ancho divide la superficie de la fachada en cinco sectores, tres de ellos estrechos, al centro y los extremos, y dos más anchos. Estos sectores se encuentran claramente delimitados por pilastras monumentales, que enmarcan tanto el acceso principal (arriba del cual aparece un elaborado motivo escultórico) como los dos falsos torreones exteriores (hay en esta solución un reflejo lejano de soluciones que aparecen con frecuencia en la arquitectura italiana de los siglos XVI y XVII). Con estas pilastras se define la altura del cuerpo más bajo de la fachada, limitado de manera evidente por la prominente cornisa que remata las pilastras monumentales. En los sectores anchos del cuerpo bajo de la fachada se abren los cinco vanos de las accesorias, desplazados hacia los extremos. Arriba de la gran cornisa, en el siguiente nivel, se encuentra la planta noble, que reproduce el esquema del piso anterior. El último piso, en cambio, modifica este esquema por la aparición del mirador, con una arquería (originalmente abierta) constituida de un vano central con un ancho mayor y de dos menores a cada lado. La longitud de esta arquería no parece tener una correspondencia evidente con algún elemento de los niveles inferiores (aunque hay continuidad en los tres vanos centrales).

Desde el punto de vista decorativo llama de particular manera la atención, en toda esta fachada, la profundidad de los relieves de algunos elementos arquitectónicos, como los que revisten las pilastras monumentales y los enmarcamientos de puertas y ventanas, entre otros (esto es válido sobre todo para la parte baja del edificio). Tratándose de una fachada que ve al norte, este recurso permite que, aún sin sol directo, se produzca un fuerte claroscuro. La ornamentación es de dos géneros: por una parte, la de tipo naturalista, con personajes y motivos orgánicos, y otra más abstracta, que adopta la forma de grecas y figuras geométricas zigzagueantes, que es la de mayor profundidad y la que se aplica directamente sobre los miembros arquitectónicos. La decoración naturalista, en cambio, se localiza de preferencia en los muros, las enjutas de los arcos y otros espacios similares. En las grandes pilastras de la fachada se combinan ambos tipos de decoración, ya que la de carácter geométrico encierra una profusa ornamentación de naturaleza orgánica. Merecen un comentario aparte las grecas y entrelazos geométricos de diversos tipos que, de manera discreta pero que no pasa inadvertida al observador atento, encierran como cenefas los recuadros de tezontle (en cuyo centro hay medallones o grupos escultóricos con figuras humanas) que aparecen en los espacios que dejan libres pilastras y ventanas, así como algún hueco en la última planta. Esta decoración no es usual en la arquitectura colonial mexicana, y está evidentemente inspirada en la de los *grotteschi* italianos, ampliamente divulgados en manuales desde el siglo XVI.

Este edificio, siendo uno de los más importantes en su género de la ciudad de México, ha sufrido lamentablemente vastas modificaciones (sobre todo en el interior) desde el siglo XIX y hasta muy recientemente, que hacen difícil percibir su estado original. Mientras que la fachada se conserva casi íntegramente como fue concebida originalmente, el interior del edificio exige de mayor cuidado para ser percibido en la forma más aproximada posible a su estado original, especialmente en el patio.

17

58

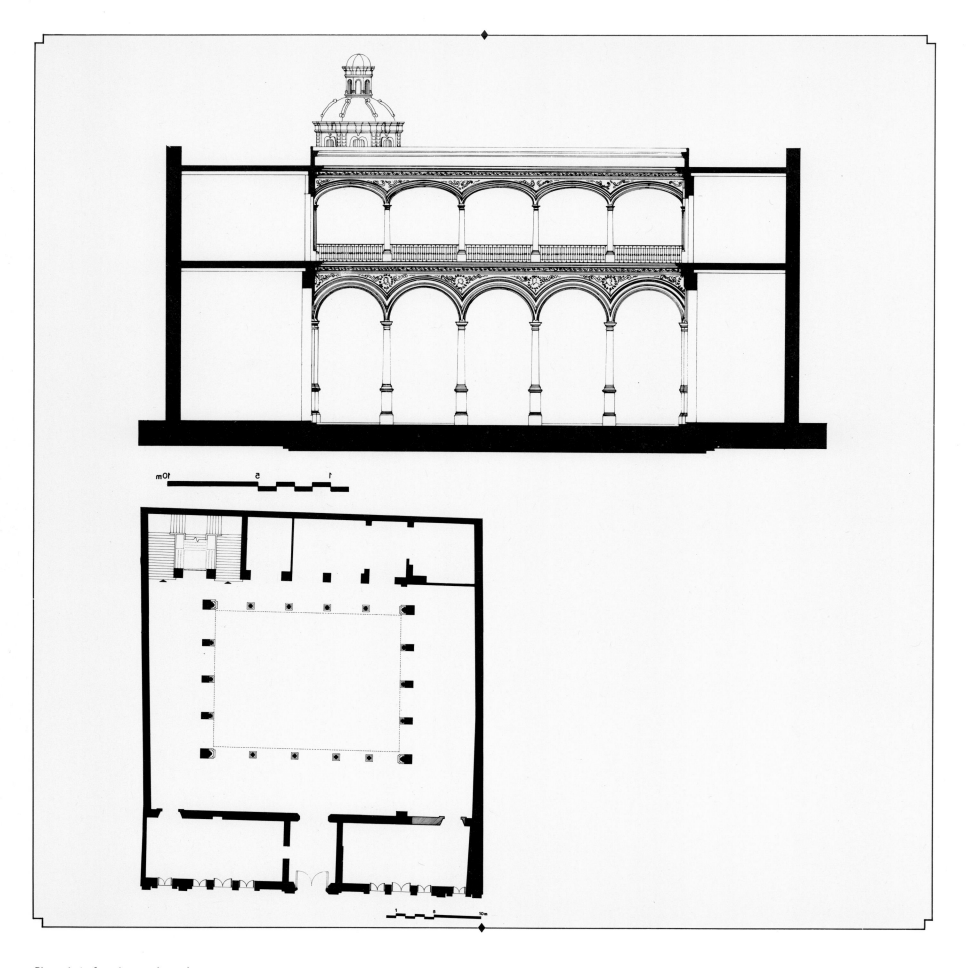

60

Planta baja (estado actual, con las
modificaciones de los siglos XIX y XX).*

* Elemento original desaparecido.

Corte transversal (fachada original de la galería del patio).

Balcones del entresuelo.

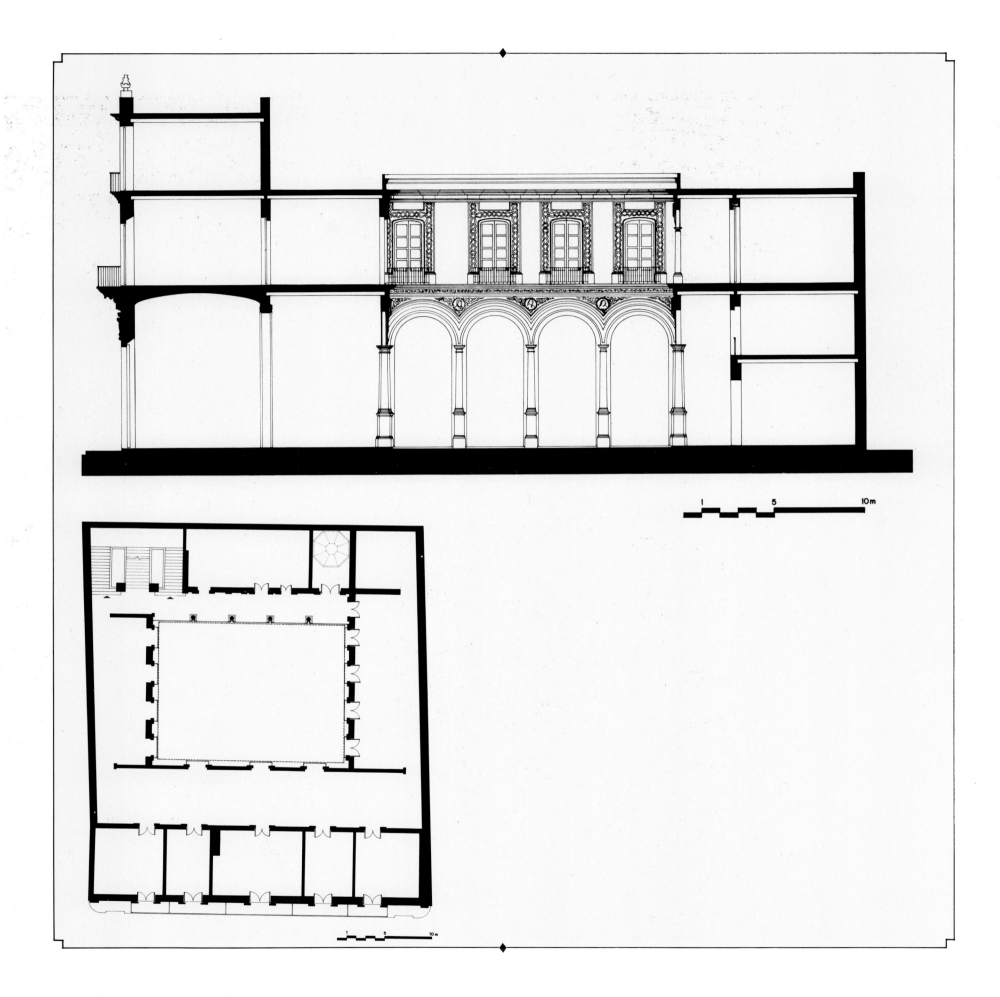

62

Planta alta (estado actual, con las modificaciones de los siglos XIX y XX).

Corte longitudinal (fachada de los lados cortos del patio, modificados en los siglos XIX y XX).

Arquería del mirador.

*Balcones en los extremos
del mirador.*

64

Entreeje central del pórtico de acceso del patio.

Fachada de la escalera desde el corredor de la planta principal. ▶

66

Grupos escultóricos en la fachada.

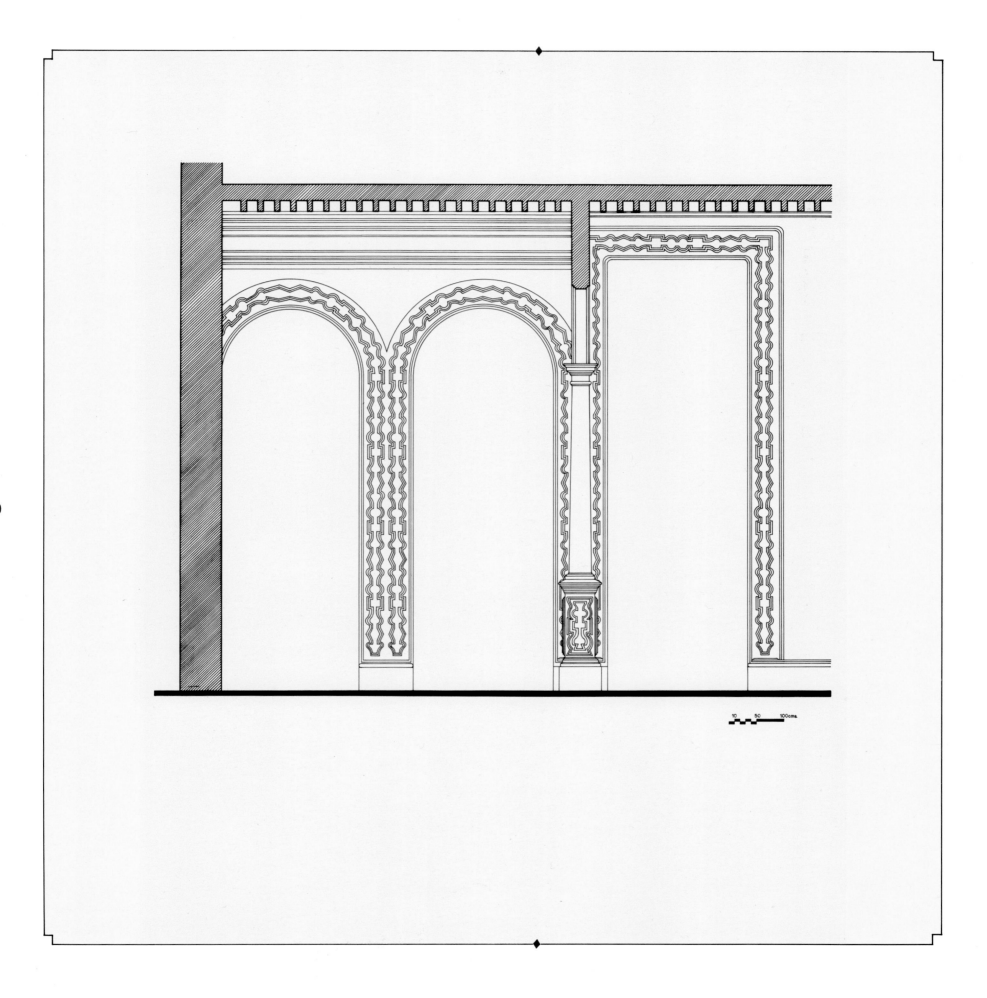

70

Arco y bóveda del zaguán. ▶

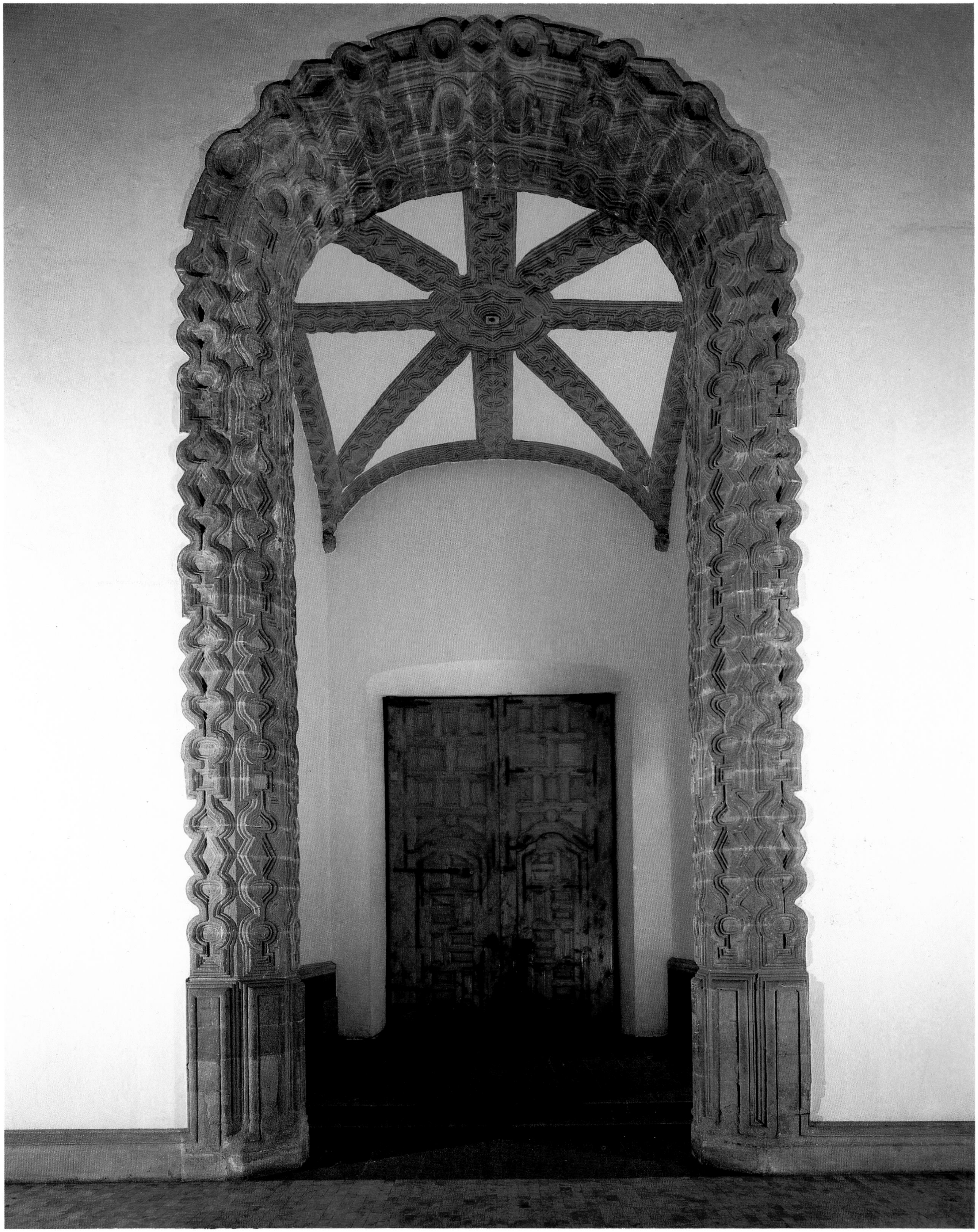

72

Gárgola del patio.

Arranque de los arcos en el ángulo del patio.

Capitel y molduraciones en un apoyo del patio.

Moldruación de la base de una columna del patio.

74

Grupos escultóricos en la fachada.

◄ *Dintel de la portada de la capilla.*

Relieve escultórico de la Virgen de Guadalupe en el dintel.

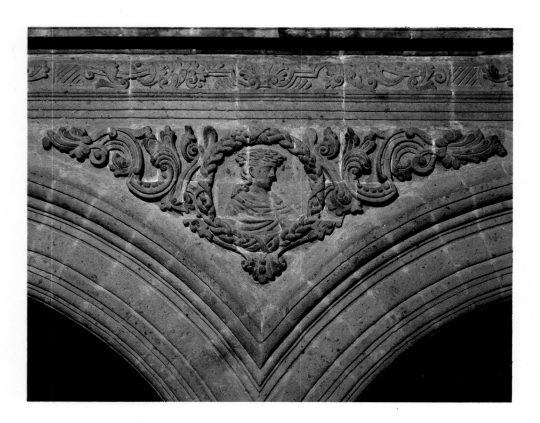

 Ornamentación naturalista en las enjutas de los arcos del patio.

Bóvedas de la capilla.

CASA DEL CONDE
DEL VALLE DE SUCHIL
Durango, Durango

 on José Carlos de Agüero, coronel de infantería al ser nombrado go-
bernador de Nueva Vizcaya en 1760, restableció la residencia de los
gobernadores en la ciudad de Durango y mandó edificar el palacio que
posteriormente vendió a don José del Campo Soberón y Larrea, primer
conde del Valle de Súchil, designándolo su teniente de gobernador y
capitán general del reino de la Nueva Vizcaya. Su edificación posible-
mente se llevó a cabo entre los años 1760 y 1770, que la hacen contemporánea a la construcción de algunos de los principales palacios
que en esa época se erigían en la ciudad de México.

Es un edificio construido en un terreno rectangular y en esquina, con la modalidad de que
su ingreso se resuelve en ella formando un ochavo, solución que lo asemeja al palacio de la
Inquisición de la ciudad de México. En ambos casos cuatro seudoarcos (en realidad dos arcos
cruzados solamente) convergen a una clave colgante que parece flotar en el aire, lo que hace
innecesaria la columna en el vértice para soportar la arquería. En Durango, en la planta alta,
las dos columnas próximas al ángulo se unen con un arco rebajado haciendo el ochavo.

El espacio arquitectónico se articula a través de dos patios, el principal y el de servicio, en
torno a los cuales se disponen en dos niveles las diversas estancias. El patio principal con el
ochavo que marca la entrada está formado por una arquería profusamente decorada, apoyada
en columnas de corte toscano con los fustes estriados en sentido vertical en la planta alta; en
la planta baja las estrías forman líneas quebradas cuya inclinación se acentúa en la parte
central para producir el efecto visual de un ensanchamiento o supuesto gálibo. La luz del sol
adquiere aquí una singular importancia por las sombras profundas que inciden en las acciden-
tadas moduraciones zigzagueantes. El esquema estructural se realza así, a través de un impre-
sionante juego de luces. Tiene también este patio la modalidad de estar formado por cuatro
corredores, solución poco común en residencias de este tipo.

Sobre los arcos rebajados del patio un friso con decoración geométrica rematado por un
barandal de piedra en el primer nivel, y en el segundo por una elegante cornisa ondulada. En
los ejes de las columnas se sitúan las gárgolas sobre guardamalletas ornamentadas. La escalera consta de dos rampas rectas que tienen la particularidad de que al descanso llega una
tercera rampa en sentido perpendicular, que comunica con la zona en que se encuentran los
servicios. El espacio de la escalera se abre al patio en la planta baja por un arco subdividido

en dos por la gran clave colgante, cuya exuberante decoración se transforma en una cabeza mitológica sobre una granada, suspendida en el espacio, y en la planta alta se divide el claro por medio de un pilar sobre el que se apoyan dos arcos de medio punto moldurados.

La austeridad del segundo patio contrasta con la suntuosidad del primero; aquí la sencilla arquería, también de arcos rebajados, se desarrolla únicamente sobre tres lados y se apoya en pilares de sección cuadrangular con impostas en el arranque de los arcos. Un gran paño liso es interrumpido únicamente por la claraboya estrellada que ilumina la escalera que cierra el patio en el lado norte. Acá se encontraban, abajo, los servicios, y arriba, la cocina y el baño.

La fachada principal situada en el ochavo está resuelta por dos cuerpos, el primero compuesto por tres pares de pilares, uno liso y dos con entrecalles, que alternados sostienen el entablamento ornamentado sobre el que se apoya el balcón del segundo cuerpo, en cuya puerta un arco mixtilíneo se cierne como cerramiento y lo remata una hornacina con San José, patrono de los dos primeros dueños del palacio. Esta escultura tiene un movimiento que recuerda al espléndido estofado de La Purísima, titular de la catedral de Durango. Dos pares de estípites y dos pilares con entrecalles reciben una cornisa, sobre la cual se apoyan los macetones que les sirven de remate. En las fachadas laterales los marcos de cantera de las ventanas se prolongan en sentido vertical hasta encontrar la cornisa, solución muy usada en la arquitectura civil de la ciudad de México. A la derecha del acceso había dos accesorias independientes; a la izquierda estaba el despacho, junto al zaguán, y al fondo la entrada a las caballerizas. Los salones y las habitaciones ocupaban la planta noble.

El riquísimo trabajo de cantería con motivos vegetales, entrelazos, molduras ondulantes y figuras diversas nos hace recordar los antiguos sistemas decorativos platerescos. Estamos aquí ante un ejemplo único en su género, obra insigne de un gran maestro, seguramente relacionado con el círculo de arquitectos que en esa época trabajaban en la capital de la Nueva España. Mención aparte por su extraordinaria calidad merece la carpintería; las puertas (cuyos marcos son verdaderas filigranas de piedra), fueron talladas evidentemente por artífices que conocían a fondo su oficio y reflejan la relación que acabamos de expresar. El salón principal conserva aún el artesonado de madera original apoyado en ménsulas molduradas. Es este un monumento ejemplar dentro del ámbito de la arquitectura nacional, que se conserva casi intacto, razón por la cual su uso deberá servir para realzar sus indiscutibles valores arquitectónicos evitando cualquier modificación que los altere.

Fachada principal

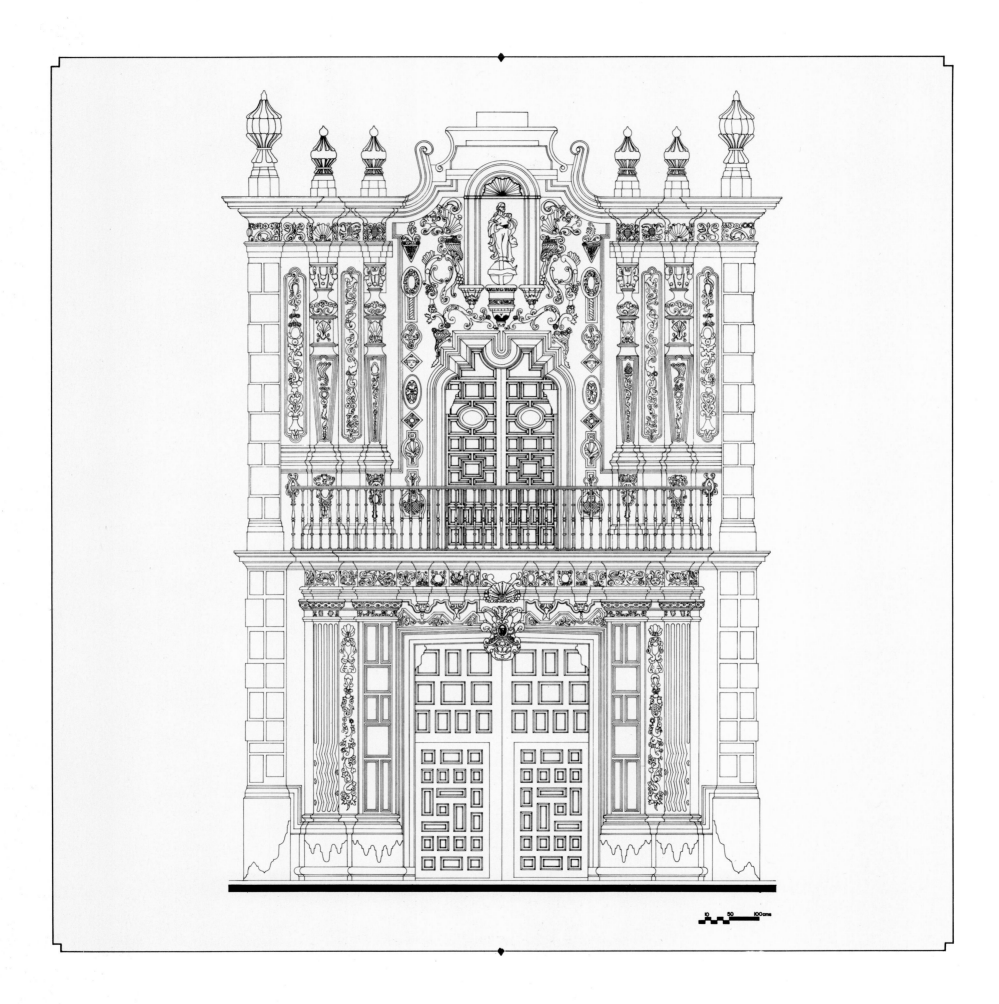

Fachada principal.

Fachada lateral. Balcones a la calle.

◄ *Cuerpo alto de la fachada principal.*

Hornacina con escultura de San José.

Detalle de una ménsula del patio.

Entrada al patio principal. ▶

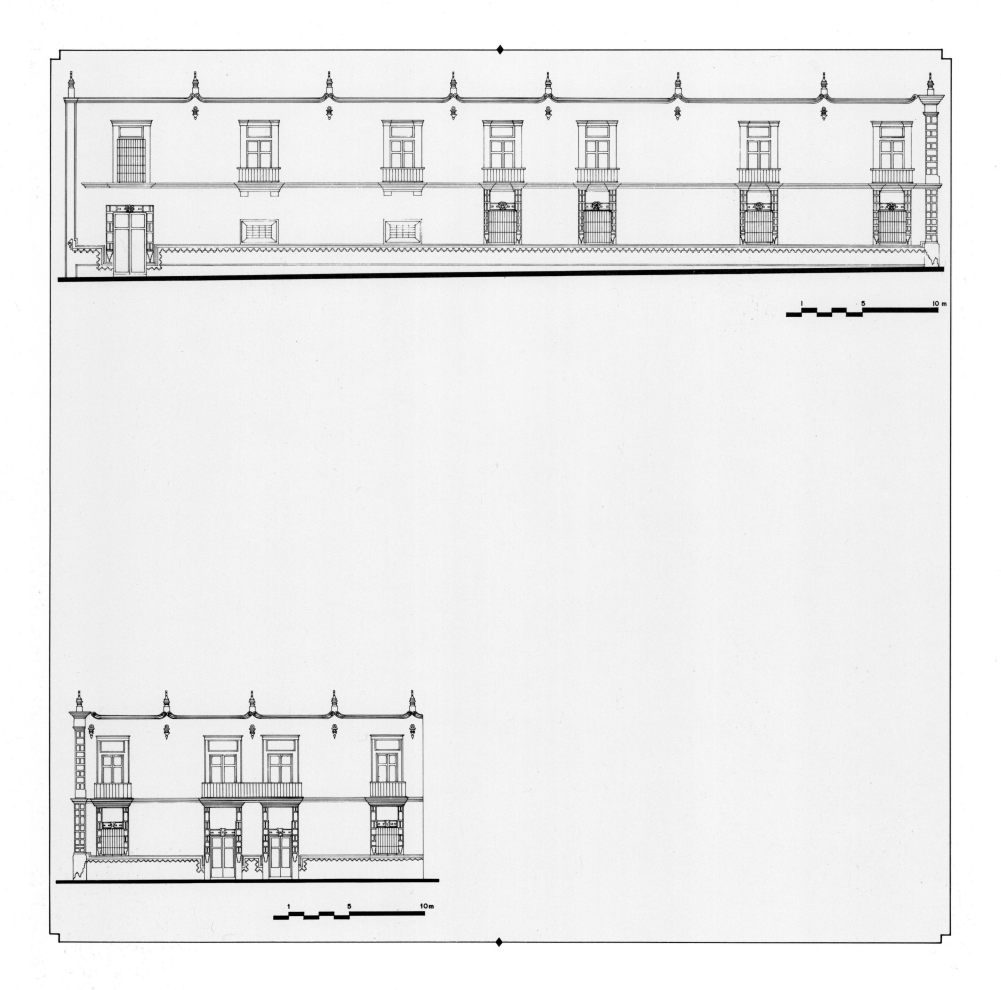

94

Fachada oriente (con reconstrucción de vanos en planta baja).

Fachada norte (con reconstrucción de vanos en planta baja).

Patio principal.

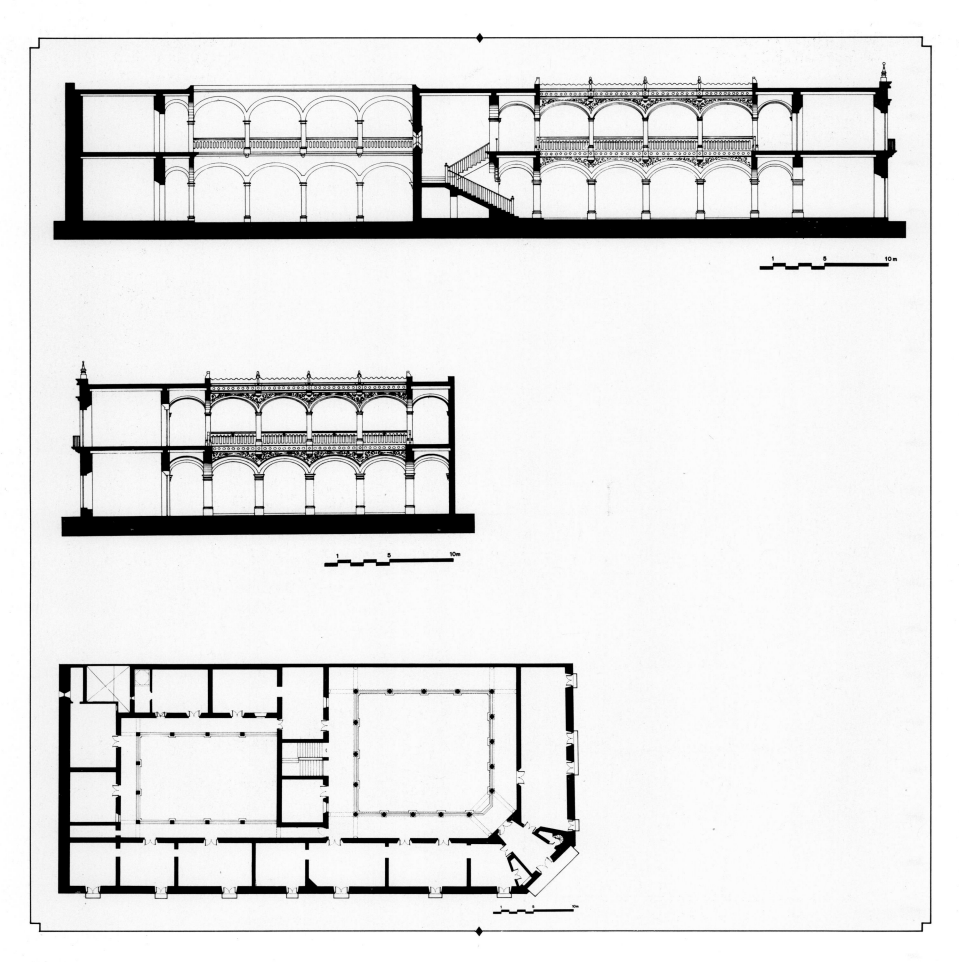

96

Corte transversal.

Corte longitudinal.

Planta alta.

Detalle del ángulo de ingreso al patio. ▶

Detalle de la clave del arco de la escalera.

Corredor del patio principal. ▶

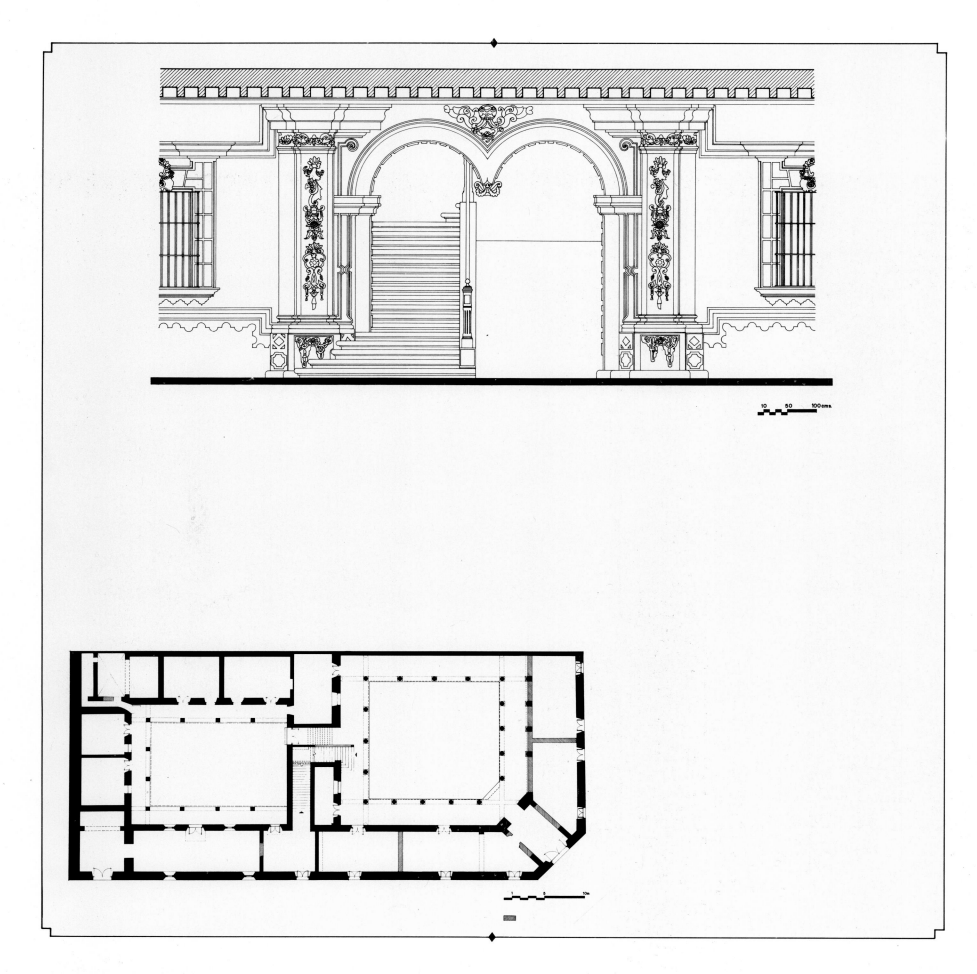

Portada de la escalera en la planta baja.

*Planta baja.**

* Elemento original desaparecido.

Vista de la escalera desde el corredor bajo. ▶

Detalle de carpintería. Capialzado y derrames de una puerta.

Corredor de la planta alta. Fachada de la escalera. ▶

104

Portada del salón principal.

10   50   100cms

Portada del salón principal. Corredor de la planta alta.

106

Detalle del relieve del dintel de la puerta siguiente.

Detalle de carpintería de la puerta anterior.

Portada en el corredor de la planta alta. ▶

108

*Vista del patio desde
los corredores
de la planta alta.*

Corredores de la planta alta. Portadas del salón principal y del ochavo.

Corredor de la planta alta, con portadas y acceso al segundo patio.

113

CASA DE LA CANAL
San Miguel Allende, Guanajuato

La Casa de la Canal fue mandada construir hacia finales del siglo XVIII o principios del XIX por Manuel Tomás de la Canal y su hijo José Mariano, propietarios de la misma. El nieto, Narciso de la Canal, participó en el movimiento insurgente de 1810. Una hija de Manuel, María Josefa, fue fundadora del convento de la Concepción de esa ciudad.

La casa ocupa un terreno inclinado en uno de los ángulos de la plaza de San Miguel Allende, lo que aunado a las dimensiones y la forma del predio determinó en lo fundamental la solución adoptada por su arquitecto. Las condiciones del sitio obligaban a dejar un portal hacia la plaza y a ocupar las habitaciones que dan a ésta y a la calle con locales comerciales. El acceso principal se ubica en la más larga de las fachadas (la que da a la calle), exactamente a la mitad de la misma. Las dos fachadas se unifican por la existencia de siete pilastras gigantes en cada una de ellas, regularmente espaciadas y a intervalos cortos en la fachada a la plaza, y a intervalos más largos e irregulares en la de la calle. También son iguales las ventanas con balcón de la planta alta y los modestos marcos de las puertas de los comercios y servicios que dan a la calle y al portal. Pero mientras la fachada que da a la plaza se distingue por su regularidad y por tener abierta la parte baja, que corresponde al portal, limitado con una arquería, la otra llama la atención por ser más cerrada y con una distribución más libre de todos sus elementos, entre los que destaca de manera espectacular la portada. La composición de ésta responde a la lógica impuesta por el orden gigante combinado con el orden menor del portal, ya que la portada toda se apoya en un fondo pétreo que provoca un quiebre en la cornisa similar al de las pilastras gigantes, mientras las columnas que enmarcan el acceso terminan a la misma altura que las pilastras del orden menor del portal. Esto hace que la portada sólo tenga dos niveles, compositivamente hablando, lo que ocurrirá también en el patio, flanqueado en la planta baja por dos corredores paralelos, y dos fachadas con muros en los dos lados restantes. Este patio, cuadrado, recurre al mismo orden gigante del exterior y al espaciamiento de las pilastras de la fachada a la plaza.

En la planta alta los corredores que rodean el patio son tres, dejando la cara restante cerrada (con una sola pilastra intermedia, asimétrica, mientras en los otros hay dos, lo que da un total de siete). Es muy interesante la solución de las esquinas, con pilastras diferentes a las ya descritas, en cuarto de círculo, lo que redondea los ángulos del patio desde el piso hasta la cornisa. El nivel del piso del patio sólo conduce a las dependencias de servicios, al fondo del predio, por lo que el corredor del acceso debe rematar, en uno de sus extremos, con la escalera que conduce al nivel del entresuelo, que funciona en realidad como la planta baja de la casa, con los locales de la fachada destinados a oficinas inmediatamente arriba de los comercios. La planta noble o principal, con las habitaciones de la familia, se alcanza por la escalera ubicada a un lado del patio, muy cerrada. En este piso se ubica la capilla, con una portada importante. Desde la habitación de la esquina se dominaban los accesos más importantes a la ciudad de San Miguel.

Esta casa se construye en el momento en que se están difundiendo en México las ideas estéticas que han prevalecido en Europa durante los siglos XVI y XVII, de las que nuestra arquitectura se había visto relativamente aislada. Estas ideas, que en Italia son conocidas actualmente bajo la denominación de alto ''renacimiento'' y ''barroco'', y en Francia como ''clasicismo'', se extienden en nuestro país al abrirse la Academia de San Carlos, aun cuando en sus lugares de origen estaban ya en retirada. Hay por lo mismo un cierto anacronismo cuando son utilizadas a finales del siglo XVIII y principios del XIX, pero son testimonios elocuentes de la nueva orientación cultural de la sociedad mexicana (a la que no son ajenos los insurgentes del inminente movimiento independentista), que se quiere incorporar de manera más directa a la civilización europea. El autor de este edificio estaba familiarizado con la arquitectura de Palladio, Mansart y Le Vau, probablemente a través de los libros, o incluso de la Academia misma. Sería erróneo aplicar, solamente por esto, a su obra el calificativo de ''neoclásica''. Más acertado sería hablar, en cambio, de una arquitectura familiarizada con la tradición italiana y francesa de los siglos XVI y XVII. Estas tradiciones se combinan con la herencia local (por ejemplo, la forma de las ventanas en general, así como ciertas asimetrías y libertades compositivas), e incorporan la decoración en zonas estrictamente delimitadas, con un equilibrio admirable. Tal vez las vicisitudes de su época de construcción (¿las guerras de la Independencia?) son responsables de que el relieve que debía ir en el tímpano del frontón curvo que está sobre la puerta principal haya quedado inconcluso, apenas esbozado...

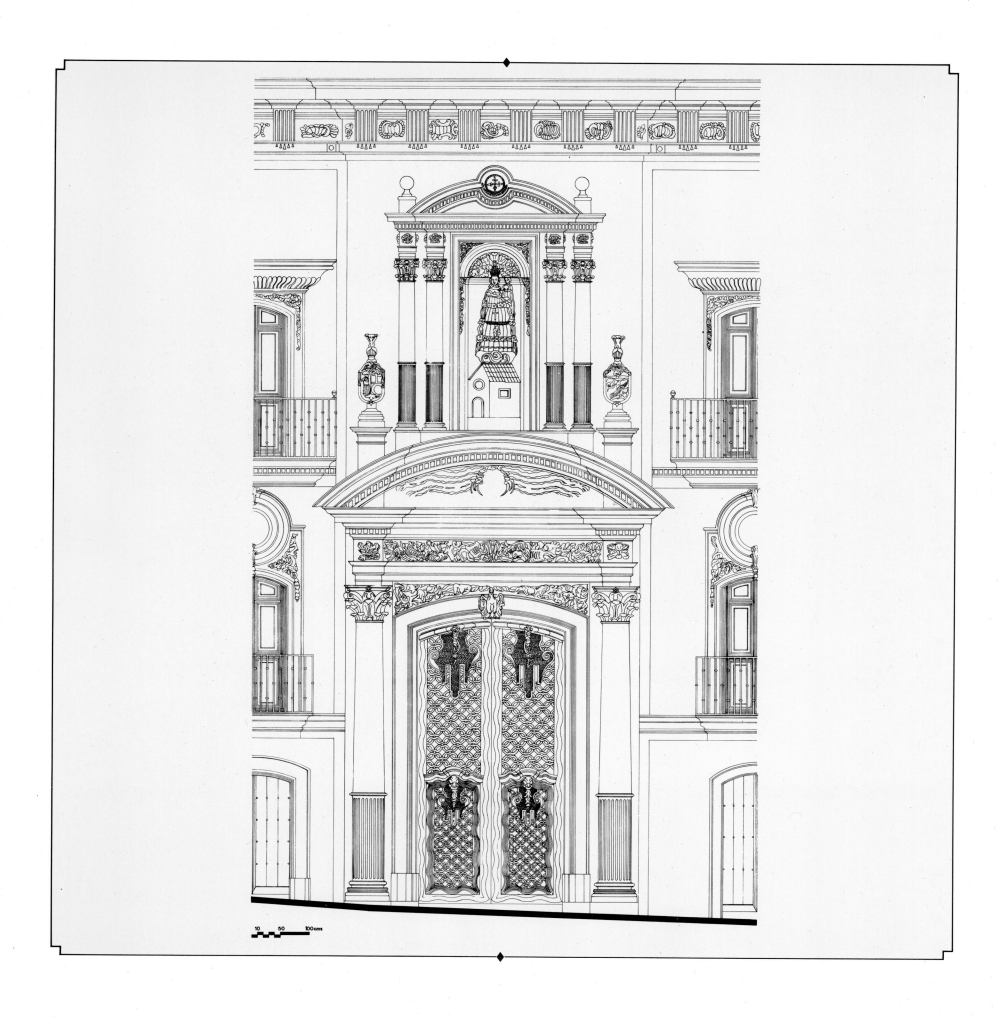

Portada.

Portada principal. ▶

122

Puerta de entrada.

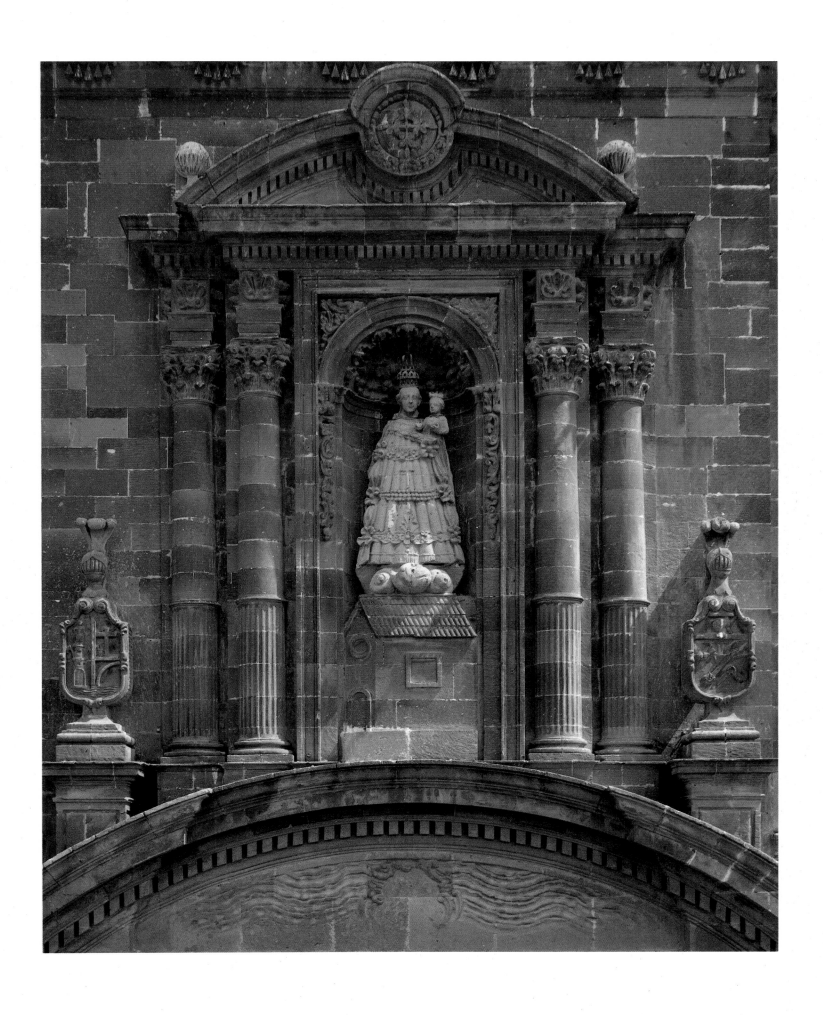

Hornacina con escultura de la Virgen de Loreto.

Fachada a la plaza.

Portal. ▶

126

Fachada a la calle.   *Fachada a la plaza.*

Fachada a la calle.

Balcón del entresuelo.

129

Balcón de la planta principal.

130

Entreeje de corredores del patio.

Zaguán. ▶

132

Patio principal.

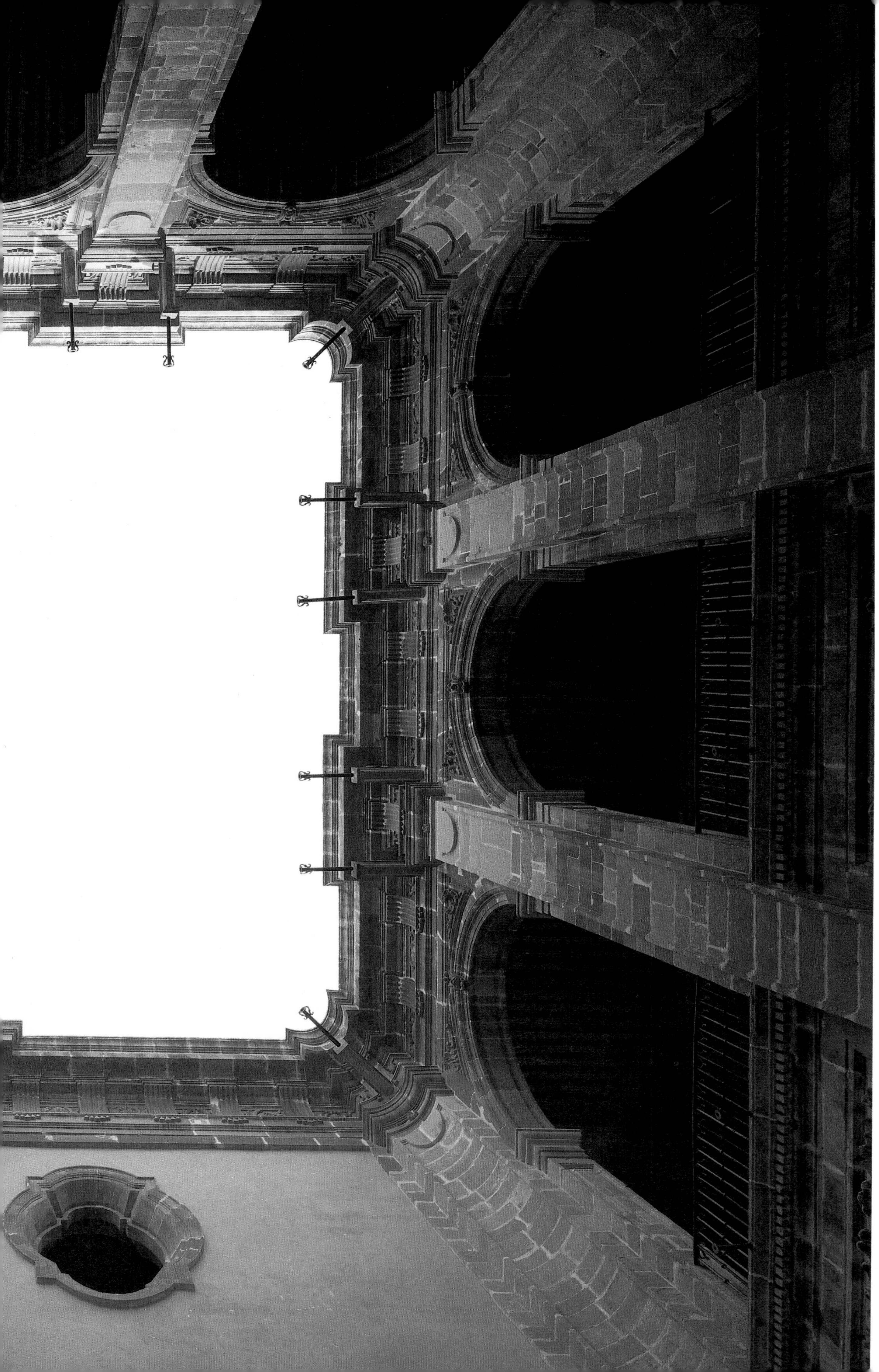

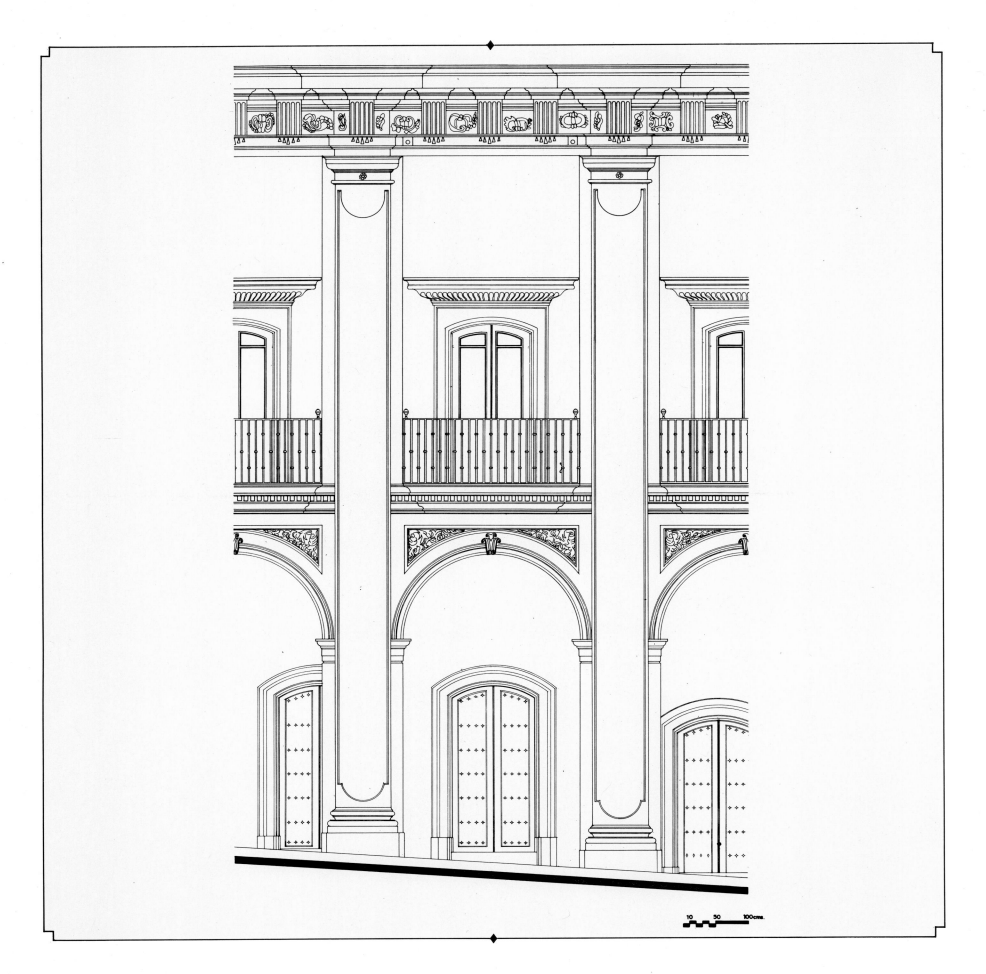

134

Fachada del patio. Corredores del fondo. ▶

Fachada del patio. Corredor de la capilla. ▶

Fachada del patio. Corredores de la entrada. ▶

Entreeje de la fachada a la plaza.

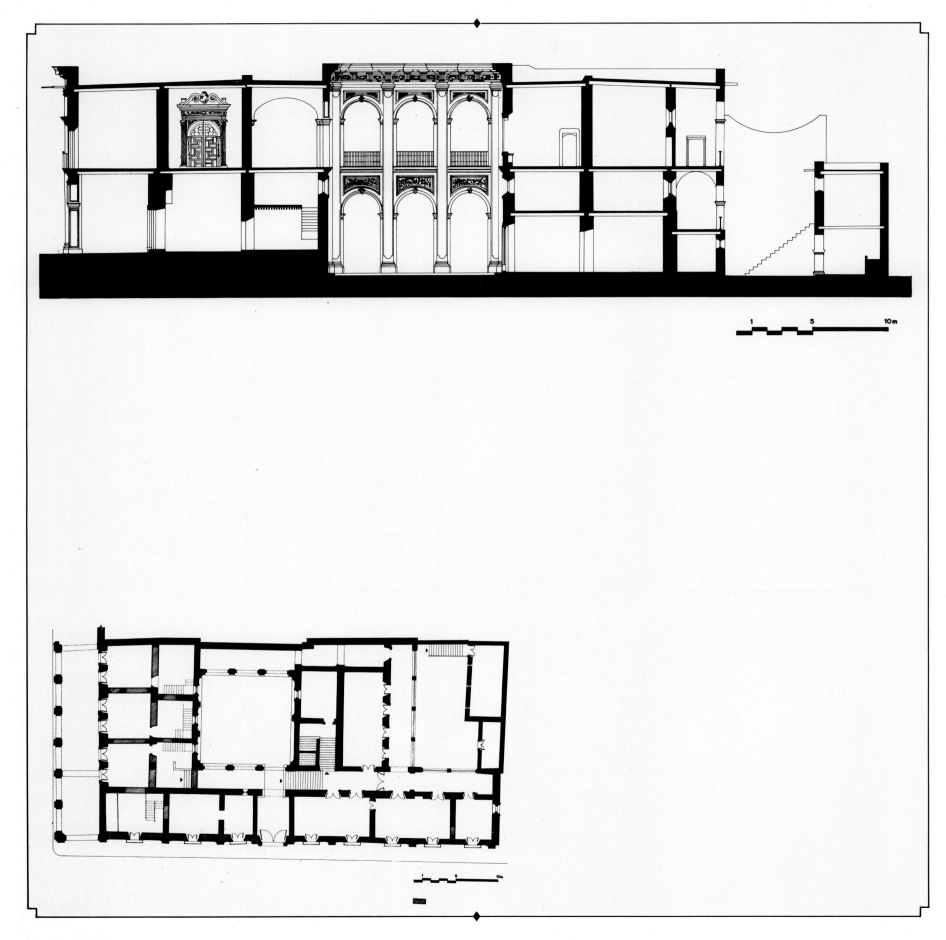

138

Corte longitudinal.

*Planta baja con entresuelo (estado actual,
con los elementos originales suprimidos).**

* Elemento original desaparecido.

Fachada del patio. Cuerpo de la escalera. ▶

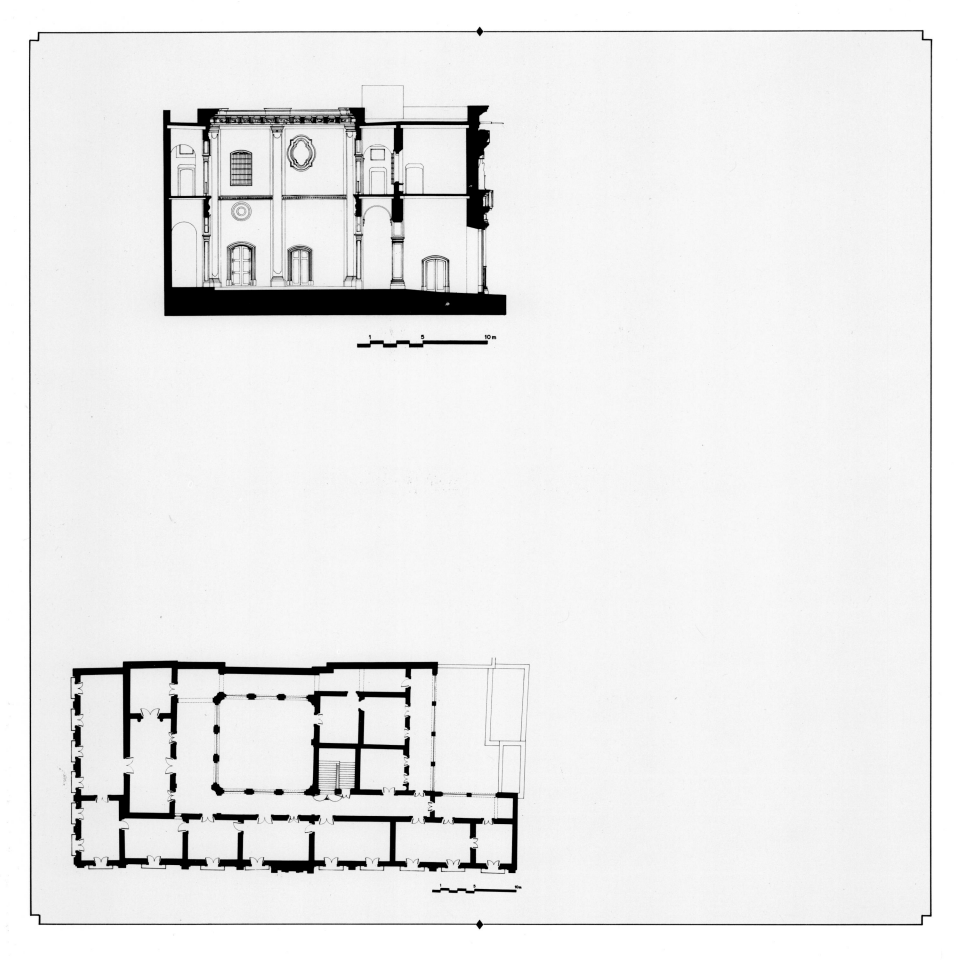

Corredor del acceso. Escalera al entresuelo. ▶

Corte transversal.   Escalera principal. Tramo bajo. ▶

Planta principal.   . Escalera principal. Tramo alto. ▶

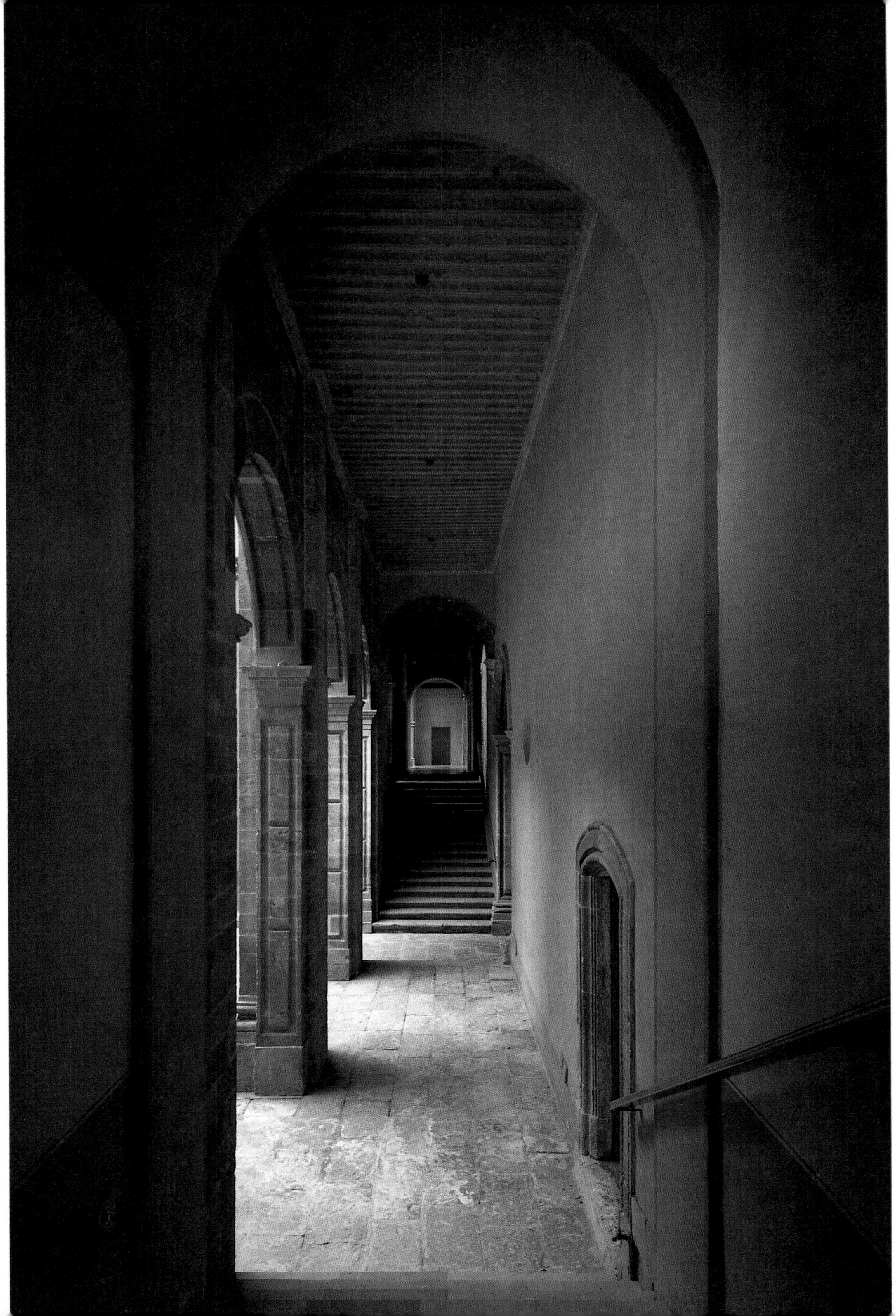

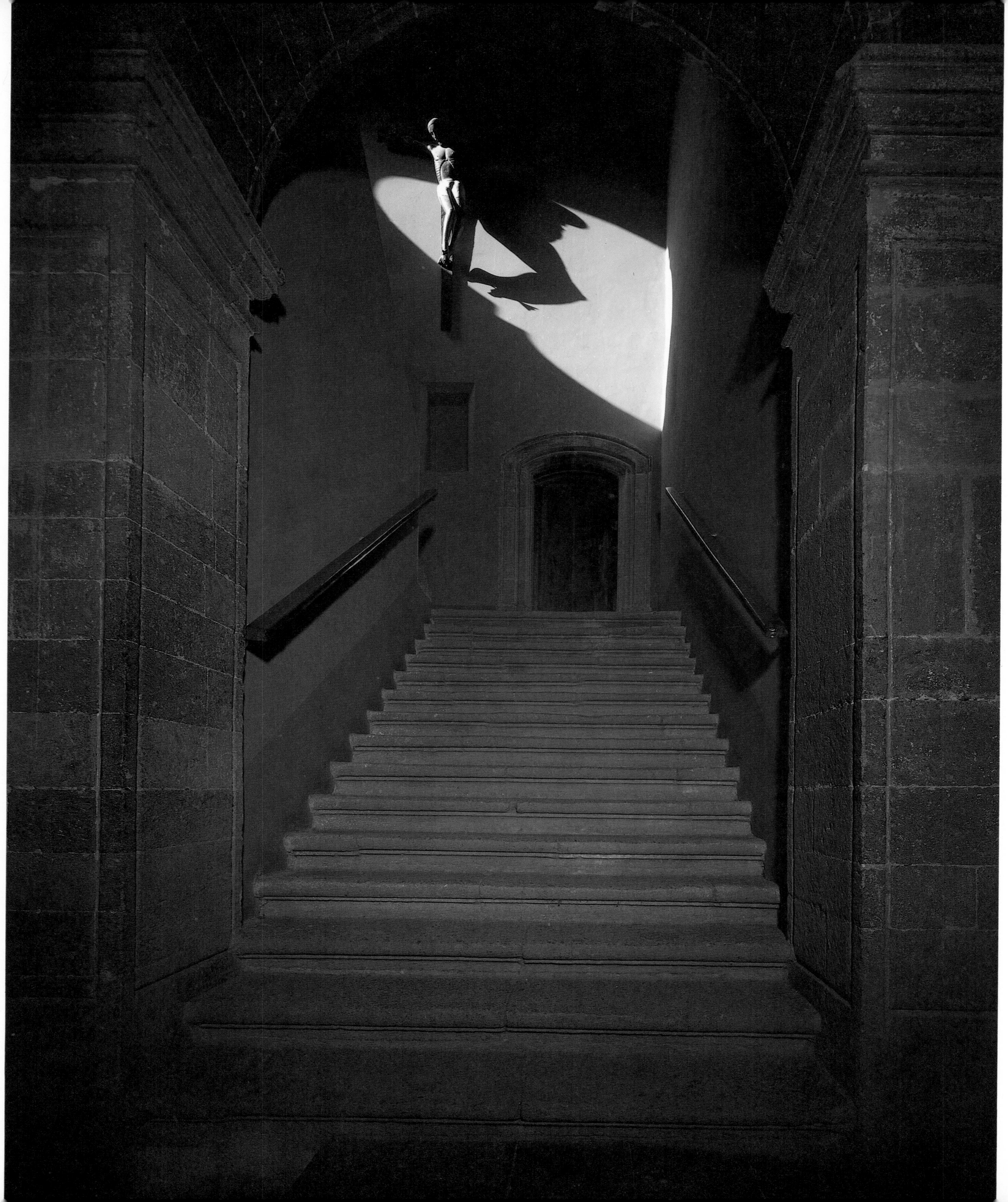

144

Corredores del patio en la planta alta.

Alacena de la escalera.

Detalle del corredor de la planta alta. ▶

148

Portada de la capilla.

Portada de la capilla. ▶

*Corredor
al segundo patio.*

Vista del segundo patio.

CASA DEL DIEZMO
Morelia, Michoacán

a Casa del Diezmo se construyó al finalizar el siglo XVII como residencia del capitán don Miguel de Uribe. Fue vendida en 1789 al cabildo de la catedral para almacenar los productos del diezmo, que consistían básicamente en semillas, situación que obligó a reformar la vieja residencia para adaptarla a un nuevo uso, que exigía amplias bodegas en la planta baja. Durante la época en que se promulgaron las leyes de Reforma dejó de ser Casa del Diezmo, para convertirse en la estación de las diligencias que hacían los viajes entre las ciudades de Morelia y México; posteriormente pasó a manos de particulares, que la volvieron a alterar para adaptarla como hotel, para ser después adquirida por el Banco Nacional de México y transformarla en sucursal de la Institución.

La composición arquitectónica de la casa está resuelta en torno a un gran patio que la divide en dos cuerpos. El cuerpo sur que da a la calle está formado por una sola crujía en dos niveles, dividida en la planta baja por el acceso, situado sobre el eje central del edificio. El cuerpo norte está compuesto por una doble crujía también de dos niveles. Al fondo del inmueble existió un jardín que se convirtió en bodega de tres naves cuando se transformó en Casa del Diezmo. De ella se conservan en la actualidad las dieciséis columnas toscanas alineadas en dos ejes con ocho columnas cada uno. La techumbre original de esta bodega desapareció. En la doble crujía se observan también vestigios de la estructura de lo que fue Casa del Diezmo y que indican que en esta zona existieron bodegas.

Cuando el edificio se construyó para servir de habitación en el siglo XVIII, y durante el tiempo en que funcionó como Casa del Diezmo, el patio era de un solo nivel en los lados mayores, o sea el oriente y el poniente. En tiempos recientes se igualó la altura de los lados restantes del patio. No se edificó nunca aquí un gran palacio como los cuatro que acabamos de reseñar, sino una casa habitación muy sencilla. Esta condición permitió fácilmente convertirla en Casa del Diezmo, cuyo programa arquitectónico es muy simple, ya que el elemento característico son las bodegas. En este caso sus estructuras siguieron una disposición perpendicular al eje del inmueble, como se puede observar en la planta baja. Un pasillo al centro daba acceso a la mayor, ubicada al fondo del predio y puertas laterales a las cuatro bodegas situadas a los lados del pasillo. La vivienda y el despacho del encargado se encontraban al frente de la casa. En la planta alta había únicamente dos crujías, una frente a la otra, con sendos pórticos que daban al patio principal. Las columnas del patio son de orden toscano; la arquería moldurada es de medio punto, con gárgolas sobre guardamalletas en los ejes de las columnas que forman el nivel superior. La gran claridad de la estructura espacial de la Casa del Diezmo se ve reflejada en las formas construidas, que se adecuan con rigurosa lógica al programa arquitectónico que les dio origen. La sencilla fachada con agregados del siglo XIX es de sillares de piedra, y está compuesta por cinco ejes con ventanas y balcones, destacando el eje principal al centro, donde se ubica la puerta de entrada. En la planta baja las ventanas y la puerta tienen como cerramiento arcos rebajados apoyados en jambas lisas, y en la planta alta los balcones tienen arcos iguales pero moldurados, sobre los cuales destaca una cornisa; en el balcón central, y como remate del eje de la fachada, sobre tres guardamalletas quedó el vacío donde se encontraba el escudo. Actualmente ocupa su sitio un pequeño óvalo con sencilla decoración de hojas, sobre el cual se quiebra en forma poligonal la gran cornisa sobre el friso que corona el monumento.

Es esta una arquitectura austera, como lo es el conjunto urbano de una ciudad donde la sobriedad del barroco nunca desbordó en ilusiones decorativas que hicieran perder sentido a la estructura.

◄ *Patio visto desde el zaguán.*   *Vista del patio desde los corredores de la planta alta.*

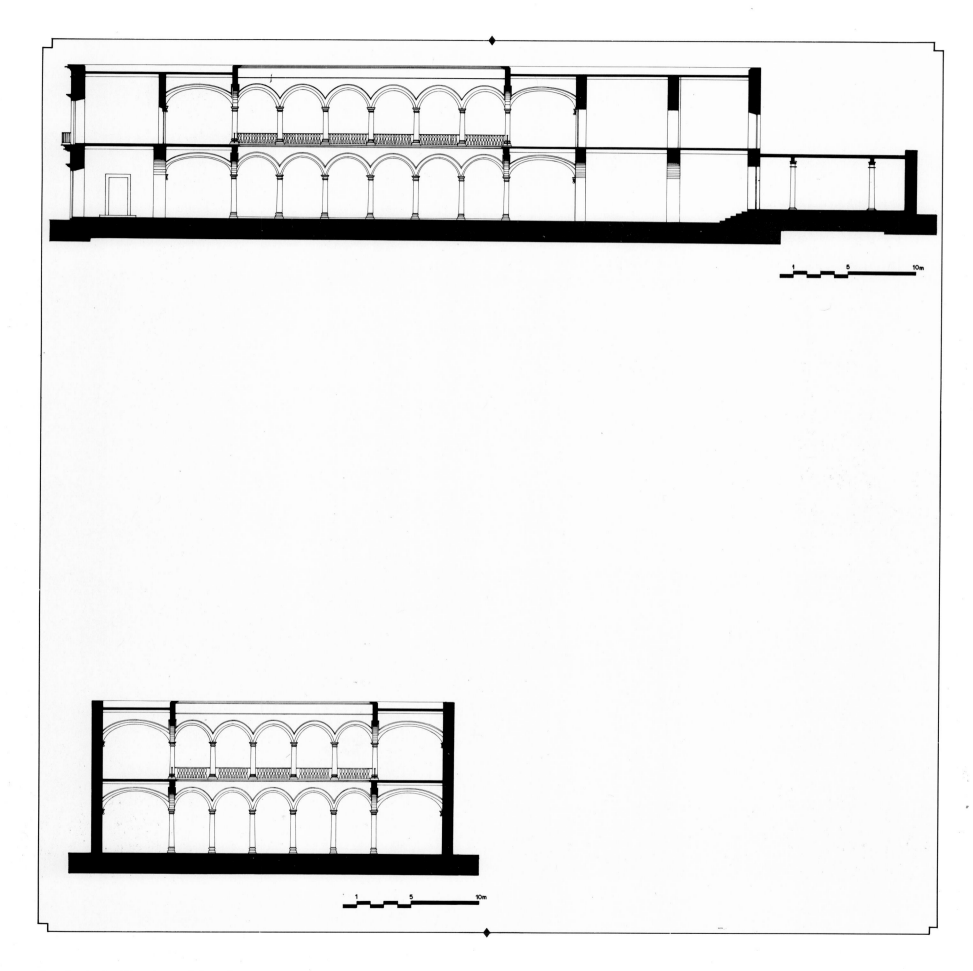

160

*Corte longitudinal (estado actual; los seis arcos
de la planta alta del patio son agregados del siglo XX).*

Corte transversal (estado actual, con las arquerías originales al fondo).

Corredores del patio. ▶

Angulo del patio en la planta baja.

163

Detalle del encuentro de los arcos.

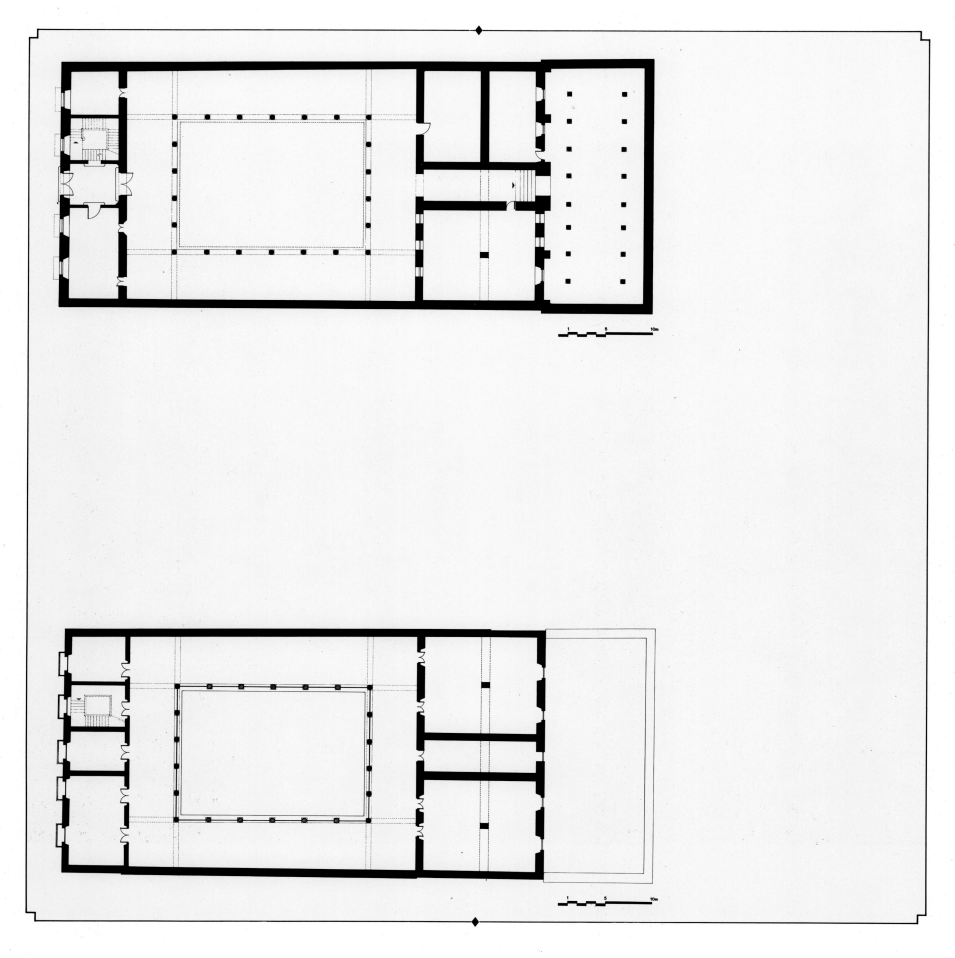

164

Planta baja.

*Planta alta (estado actual, las dos arquerías
de los lados mayores son agregados del siglo XX).*

Vista del patio desde el fondo de la casa. ▶

Detalle de las gárgolas y arquería del patio. ▶

Ingreso a las antiguas bodegas. ▶

LA CASA DE FRANCISCO DE MONTEJO

Mérida, Yucatán

 l adelantado Francisco de Montejo, conquistador de Yucatán, construyó para su casa en la ciudad de Mérida, hacia el año de 1549, la torre prismática de planta cuadrangular, que se puede inscribir dentro de la tradición medieval española. Las ciudades castellanas así como las extremeñas poseen soluciones estructurales análogas, pero aquí sin embargo la caracteriza una profusa ornamentación plateresca que acentúa y complementa los elementos arquitectónicos. Estas decoraciones que se incorporan a la arquitectura surgen de la mezcla de formas procedentes del medievo europeo con aquellas propias del renacimiento italiano. Juan de Arfe y Villafañe, "escultor de oro y plata", en su tratado "de Varia Conmensuración para la Escultura y Arquitectura" (impreso en Sevilla en el año de 1585) recoge y sistematiza, para España, los conocimientos teóricos y prácticos que debían poseer arquitectos y plateros, vinculando muy estrechamente el arte de la platería con los esquemas arquitecturales, relación que en la orfebrería se prolongaría por varias centurias. Así en el libro cuarto "Trata de arquitectura y piezas de iglesia" (dividido en dos títulos: "De los cinco órdenes de edificar de los antiguos" y "De las piezas de iglesia y servicio del culto divino"). A partir del siglo XVI, y por breve periodo, la arquitectura se ve inmersa en las decoraciones que hacían esos artífices, pero sin perder jamás la claridad constructiva en los sistemas decorativos.

La fachada de la Casa de Montejo, que es la portada plateresca de carácter civil más importante que hay en México, está compuesta por dos cuerpos sobrepuestos, realizado cada uno, tal vez, por artistas diferentes. El cuerpo bajo, mucho más fino, está resuelto con columnas exentas y pilastras adosadas al muro, con capiteles de corte corintio que sostienen un entablamento finamente moldurado y decorado con figuras de animales fantásticos, de origen medieval. La puerta de entrada está enmarcada, de una manera que evoca un alfiz hispanomusulmán, por una delicada ornamentación con figuras y motivos geométricos similares a los que labraban los plateros en las piezas dedicadas al culto. La clave del dintel de la puerta representa a un hombre que sostiene sobre sus espaldas el balcón poligonal, cuyo decorado semeja una copa salida del taller de un orfebre. A sus lados dos cartelas con las leyendas "Amor Dei" y "Vencit".

El cuerpo superior, que no coincide con la estructuración del cuerpo bajo, está resuelto en torno a la puerta que se abre sobre el balcón, cuyo cerramiento lo forma un dintel ornamentado de una sola pieza (como lo acostumbraban los mayas). El esquema se complementa por dos pilastras adosadas al muro (con esculturas de guerreros sobrepuestos que pisan dos cabezas mitológicas en señal de conquista) que sostienen un entablamento sobre el cual dos leones rampantes sujetan una cartela, esbozándose así un frontón. En la cartela se lee la siguiente inscripción: ESTA OBRA MANDO HACER EL / ADELANTADO D. FRANCISCO DE MONTEJO. / AÑO DE MDXLIX. Al centro, cual gigantesco repostero, las armas de los Montejo, campean sobre un paño en el cual el lambrequín del escudo profusamente ornamentado, rememora los esquemas decorativos colgantes hispanomusulmanes. Las esculturas de dos hombres míticos con mazos rematan a los lados sobre la cornisa, las columnas del cuerpo bajo. Reminiscencias del gótico isabelino español surgen también en la estructura formal de esta fachada.

De la construcción realizada por Montejo poco queda. Permanecen aún ocultas en espera de ser recuperadas dentro de la pesada arquería edificada en el siglo XIX, las esbeltas columnas y los arcos originales del pórtico interior de la casa. (Estas torres fortificadas se complementaban generalmente por construcciones adosadas a sus muros con dependencias que se usaban en tiempos de paz.) La fachada actual de este cuerpo fue seriamente alterada en el siglo XIX, cambiándose las antiguas y sencillas ventanas "de capelo" tan características de la arquitectura de Mérida, por las actuales que reproducen formas historicistas en boga en la última mitad del siglo XIX.

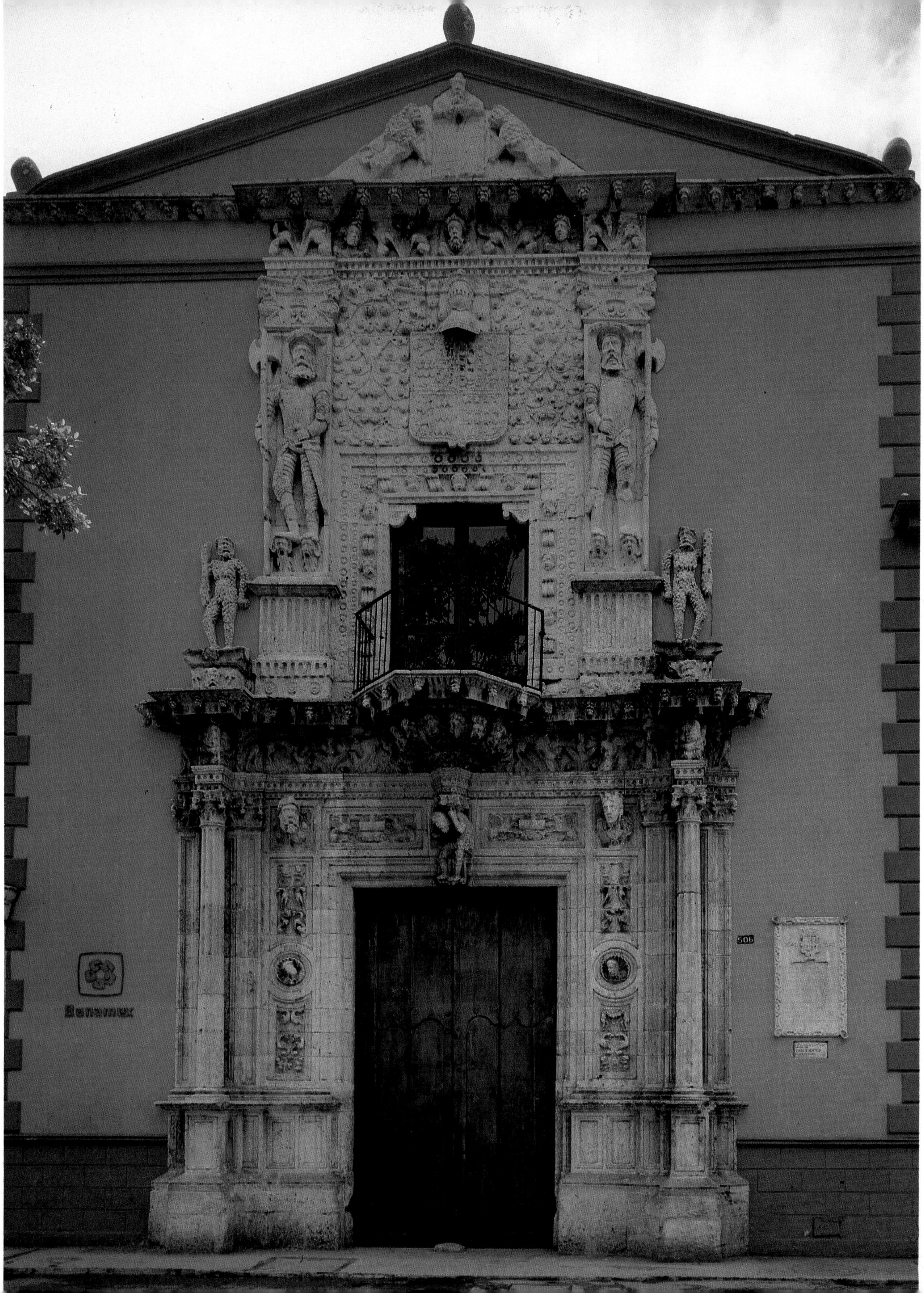
506
Banamex

174

Fachada original, con las ventanas del siglo XIX.

Detalle del cuerpo alto.

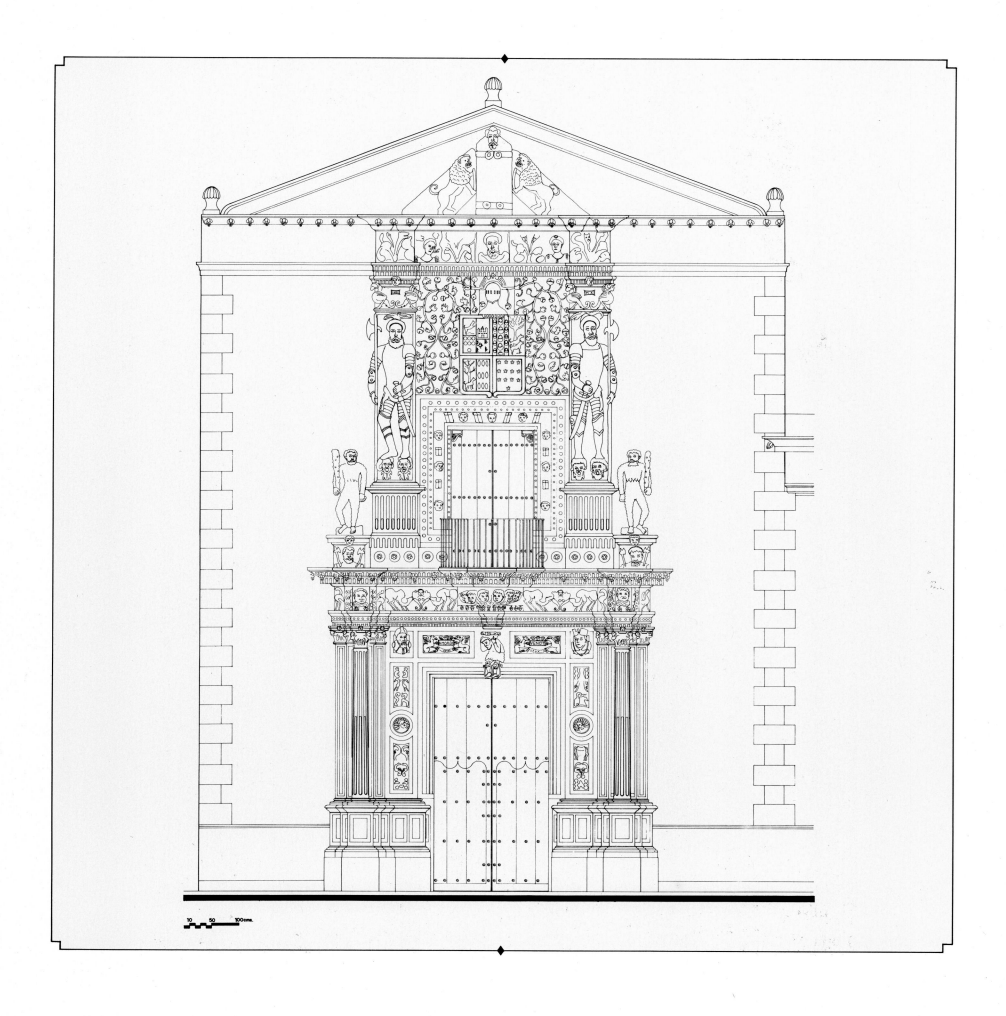

10   50   100cms.

Portada plateresca de la torre.

Remate de la fachada. ▶

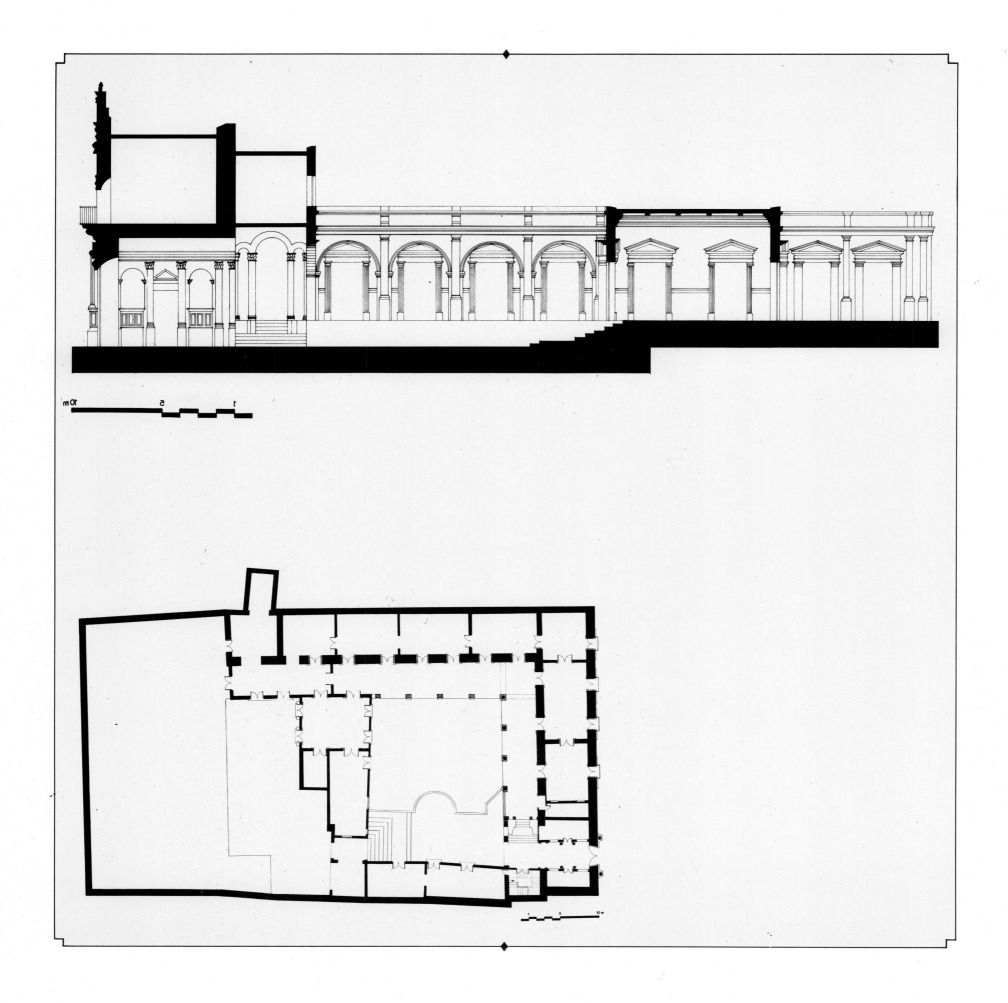

178

Corte longitudinal (estado actual,
con la reforma del siglo XIX).

Planta baja (estado actual; los muros gruesos
y las columnas del corredor del patio son del siglo XVI).

Escultura en el cuerpo alto.

Figuras escultóricas en el cuerpo alto.

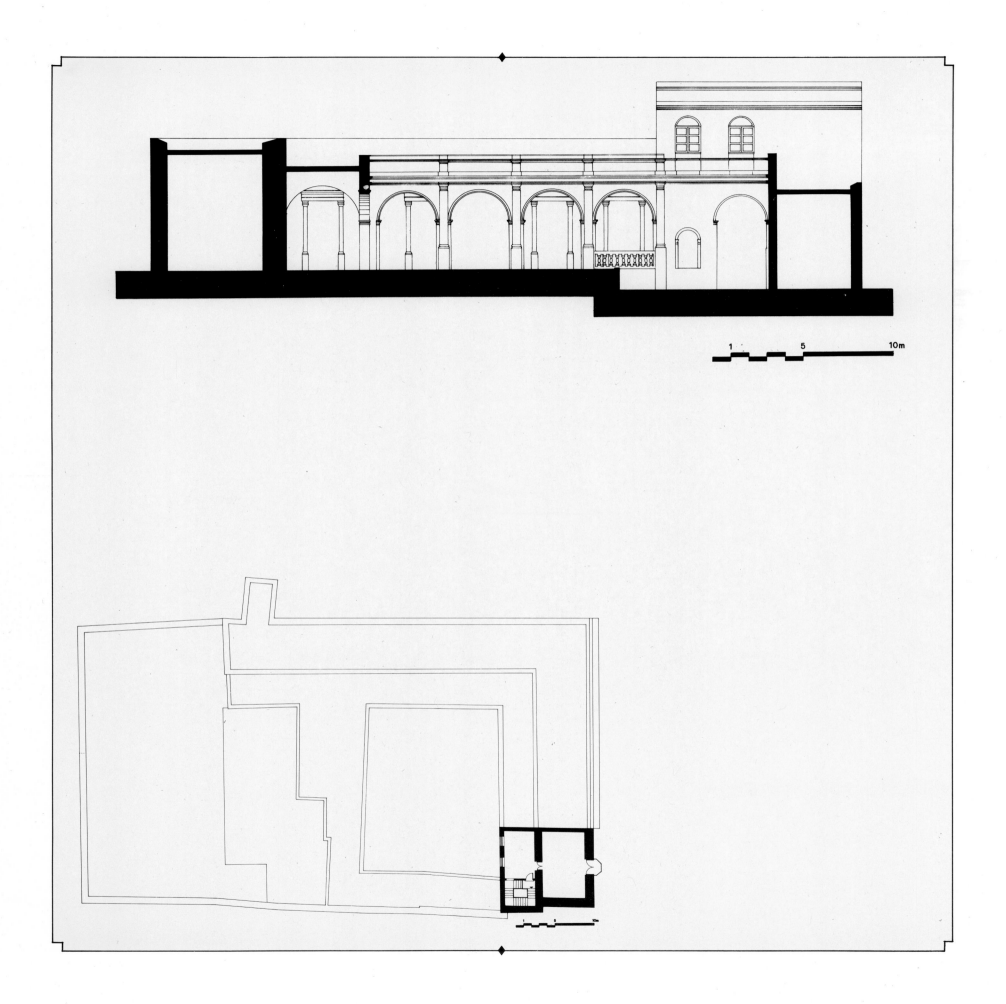

182

Corte transversal (estado actual, con la reforma del siglo XIX).

Planta alta de la torre del siglo XVI.

Grupo escultórico del pedestal del balcón.

◄ *Esculturas del balcón y clave de la puerta principal.*   *Entablamento del cuerpo bajo de la portada.*

186

Ornamentación escultórica de las jambas de la puerta.

EDIFICIO CAPUCHINAS / CARRANZA Y PALMA

Remodelación y ampliación de las oficinas centrales
del Banco Nacional de México

 l edificio se levanta en un terreno de 2,500 m^2, situado en la esquina de Venustiano Carranza y Palma, en pleno Centro Histórico de la Ciudad de México y se integra al antiguo palacio de los condes de San Mateo de Valparaíso –una de las más importantes edificaciones del barroco mexicano virreinal construida en 1772 por Francisco Guerrero y Torres– en el que el Banco Nacional tiene su oficina matriz desde hace más de un siglo.

El proyecto es un ejercicio de integración y de diálogo entre dos arquitecturas: La fachada del edificio completa la cuadra con el mismo paño y altura del edificio virreinal, como en la antigua tradición urbana, y remata la esquina con un cuerpo alto en forma similar. La forma en "H" de las ventanas, típica de la arquitectura civil del siglo XVIII de la ciudad de México, se interpreta con el mismo ritmo, en forma contemporánea, a base de un sistema de parteluces verticales colocados a 45° del paramento.

En planta –a semejanza del virreinal– el edificio se organiza alrededor de un patio cuadrado que se va estrechando en los pisos superiores: parte de 2 x 2 entreejes en la planta baja, $1^1/_2$ x $1^1/_2$ en el piso principal de oficinas y 1 x 1 en los dos pisos superiores, que alojan los comedores de la dirección y de los empleados. Estos dos pisos están remetidos en forma escalonada con terrazas pergoladas, cuyas vistas están orientadas a las cúpulas de azulejos del edificio colonial.

Como puede observarse, el proyecto incorporó parte de un edificio que fue seriamente dañado por los sismos de 1985 y cuya demolición total era imposible dado que en los primeros niveles estaban alojadas algunas instalaciones vitales para el banco. La posición de la estructura es resultado de lo anterior.

Las fachadas son de concreto cincelado con grano de mármol y arena de tezontle rojo, con lo que se logra una tonalidad rojiza que armoniza con el tezontle de la fachada del edificio colonial.

El edificio tendrá 13,500 m^2 construidos.

Teodoro González de León

Fachada sur oriente.

Detalle de fachada.

Remate de la esquina
sur oriente. ▶

Pérgolas que rematan la azotea.

El libro *Edificaciones del Banco Nacional de México, seis virreinales y una contemporánea*, se terminó de imprimir en el mes de noviembre de 1988, en los talleres de Imprenta Madero, S. A. de C. V.
Las selecciones de color se realizaron en Magnecolor, S. A. de C. V. y la tipografía y formación en Magnetipo, S. A. de C. V., ubicados en la calle de Avena 102, Col. Granjas Esmeralda, 09810 México, D. F.
Se imprimió en papel couché mate paloma de 135 g, y se utilizó tipo Cheltenham de 12 pts. para su composición. La edición consta de 15,000 ejemplares más sobrantes para reposición.
La encuadernación estuvo a cargo de Libros y Encuadernaciones Finas, S. A. de C. V.

Impreso y hecho en México
Printed and made in Mexico